だいわ文庫

職場で、仲間うちで

他人に軽く扱われない技法

内藤誼人

大和書房

私は小さな頃から人に小馬鹿にされるのが許せなかった

人に軽《かろ》んじられるのは、決して気持ちのいいものではない。私たちには、だれにでも自分を尊重してほしい、自分の価値を認めてほしい、自分を大切に扱ってほしい、という尊厳欲求があるため、他人から軽んじられたり、見下されたりすると不愉快なのである。自尊心が傷つくのである。俗っぽくいえば、非常にムカつくのである。

そんなのは当たり前の話ではあるが、**では、どうすれば相手に軽んじられないのか**、ということを本気で考えている人は、意外に少ない。どうすれば他人にバカにされたり、ナメられたり、イジめられたりしないのかを考えず、ただなりゆきまかせに生きている人のなんと多いことか。

私は、小さな頃から人に小馬鹿にされることが許せなかった。中学校まではまったく勉強などしなかったし、本物のおバカさんだったので（偏差値は当然50以下）、バカにされてもしかたがなかったのかもしれないが、それでも軽く扱われないように、あれこれと工夫をこらしたものである。

生来、頭の悪い私にとっては、人に軽んじられないためには、姑息《こそく》な工夫をするしかなかった。そういう小細工は、いわば私にとっての必死の自己防衛だったわけである。そうでもしないと弱肉強食の世の中で生きていけないことに、人生のわりと早い時期に気がついたことは私にとって幸いなことであった。

軽く扱われないためには、いかに自分が重要で、価値があり、実力のある人間なのかを誇大にアピールする必要があって、私はそのための技術を磨きに磨きあげてきた。そのため、私はだれからも軽んじられることがなくなったし、これからも大丈夫だろう、という自信がある。

本書で紹介していく「軽く扱われない技法」とは、もともと頭が悪く、実力も、才能も何も持たない私が、ない知恵を絞りながら編み出した努力の結晶である。「**こうしておけば、だれもあなたのことを軽んじたりしない**よ。むしろ尊敬されたり、感心されたりするよ」という秘密の教義を、こっそりと読者のみなさんにだけお教えしようと思う。

「お客さんにナメられ、とんでもない値下げの条件をのまされるんです……」

「同僚のなかでも、僕だけが、上司に集中的に怒鳴られているんです……」

「いつまで経っても新人扱いで、大切な仕事をまかせてもらえない……」

もし読者のみなさんが、このような悩みを抱えているのなら、その理由は明白だ。それは、みなさんが軽んじられているからに他ならない。さっそく本書をお読みいただいて、〝軽んじられない人間〟へと変貌《へんぼう》を遂げる必要があるだろう。

本書で紹介されている技法を使いまくれば、「あいつは見所があるな」とか「ああいうヤツほど、本気になると凄いんだよ」とか、「眠れる獅子《しし》ってのは、まさにあいつのことだな」などと、**周囲からのあなたを見る目が変わってくる**ことを、私は保証できる。なぜそんなに自信を持って保証できるのかといえば、私自身も実践しているからである。

勉強もスポーツも何もできないくせに、将来性だけはありそうな、何となく大物になりそうな、そういう〝雰囲気〟だけは、振りまくのがうまかった私が言うのだから、本当である。どうか私を信じて、最後までついてきてほしい。

内藤誼人

職場で、仲間うちで他人に軽く扱われない技法　もくじ

第1章

一目おかれる話し方の極意

知識は少し隠したほうがいい

第2章

「謙虚さ」はナメられる

相手を心理的に威圧する技法

第3章

「物怖じしない人」の秘密

宴会では「お誕生日席」を選べ！

第4章

一流の人間は「サバ」を読む

人は「ナニ」に敬意を払うのか？

第5章

対人術は「質」より「形」!

相手に見くびられない「見た目」の話

第6章

簡単に「スペシャリスト」になる技術

自然と相手が負けてくれる心理テクニック

第1章

一目おかれる話し方の極意

知識は少し隠したほうがいい

底が浅いと思われる人は「こんな会話」をしている

俗っぽい世間話をしてはいけない、などというつもりはない。哲学的で高尚な話ばかりをしろ、などというつもりもない。が、しかし、口を開いて出てくるものといえば、安っぽい芸能人のゴシップやらワイドショーやらが好みそうなネタばかりというのは、困る。

人は、相手が語る話題によって、その人物の器をはかろうとする。その人がどんな人物なのかを知りたければ、その人が口にする話題を参考にするのがてっとり早い方法のひとつだからである。

「あのさ、昨日の○○のドラマ見た？」

「見た、見た、やっぱり○△ちゃんって、カワイイよね」

もし、2人のこんな会話を、みなさんが漏《も》れ聞いたとすれば、おそらくはどちらも軽い人間だと見なすのではないだろうか。

このような会話が絶対にダメだなどと言うわけではないのだが、そればかりでは困るのである。なぜかというと、**俗っぽい話ばかりしていたら、あなた自身が俗物だと思われてしまう**からである。

米国アーシナス大学の心理学者キャサリン・チェンブリス博士は、話し手が持ち出す話題によって、その人自身の印象が変わってくることを、104名の大学生を用いた実験によって明らかにしている。

たとえば、話し手が、「戦争」をテーマにして語っていると、聞き手は、その話し手を「男性的」と評価するのに対して、「介護」をテーマに持ち出すと、「女性的」と評価するというのである。たとえ話し手が同一人物であっても、どんな話題を選ぶのかによって、相手からの評価は180度も変わってしまうのだ。

世間話をしてもいいが、そこには、より高度で抽象的な論議をうまく盛り込ませたい。そうしないと、本当の世間話になってしまい、あなた自身が底の浅い人間だと思われかねないからである。

たとえば、芸能人の話から切り出したのだとしても、そこから日本人観やら日本文化論やらを展開したり、自分の大切にしている人生観などにうまく話題をつなげていくのなら、まったく問題がない。

たとえば、「芸能人の○○が、ドラマで演じている役柄っていうのは、日本人が忘れている謙虚さを見事に体現しているね」のように会話をつないでいくのである。


本当に会話がうまい人というのは、「女性のおっぱいが好きか、お尻が好きか」のような下世話な話題をネタにしていても、気がつくと、芸術論やら美人論などが展開できる人である。

俗っぽい話題を切り口にして、それを踏み台にして、より高度な論議へとつなげていくのであれば、まったく問題がないばかりか、あなたが切れ者であることを示せるだろう。

ただし、言うまでもないことだが、この芸当を華麗にこなすためには、ある程度の知識をあらかじめ仕入れておかなければならず、そのためには人生論や文化論などの、幅広い読書に裏づけられた教養を身につけておかなければならないことも付言しておく。

「思わず口にした言葉」であなたの軽さがバレる

武者小路実篤《むしやのこうじさねあつ》は、『牟礼《むれ》随筆』の中で、「くだらない芸術は軽蔑《けいべつ》されるのが自然のように、くだらない人間も尊敬はされない」との教えを説いている。

くだらない人間は、他人に仰《あお》がれたり、尊敬されることはない。だれにも軽んじられたくないのなら、くだらない人間であると見なされないように注意しなければならない。それは会話においてもしかり、である。

では、どうすると、くだらない人間と見なされてしまうのかといえば、多くの場合、その人の**話しぶりが大きな原因**になっている。

さきほど、俗っぽい話題を口にしてはいけないという話をしたが、同じことは口グセや話し方にも言える。結論を言ってしまえば、若者言葉を使って話していると、どうしても軽く見られかねないのである。

「マジで⁉」
「ダメじゃん！」
これらが若者言葉の代表例である。軽く見られることを警戒するのなら、やはり「マジっすか！」ではなく、「本当ですか？」と語るクセを日頃からつけておきたい。

×**マジっす。**
○**本当です。**

口グセは、普段から慎重になっておかないと、とっさに出てしまう傾向があるので、本当に注意が必要である。相手にバカにされるのは自分なのだから、そうならないように普段から練習しておかなければダメである。

かくいう私も、大学院時代には、何度となく恩師に注意を受けた。私の話し方が日常語を多用したものなので、理解しやすくはあるのだが、軽すぎる、というのである。これは恥ずかしい話であるが、今でもあまり改まっていない。

若者言葉ということであれば、**安易な短縮形**も使わないほうがいい。「チャカレ」（インターネット上でチャットをする恋人のこと）や、「ガンブロン」（顔面がブサイクでロン毛の男性の呼称）のような短縮形を使って話をしていれば、どうやっても軽い人物としか見なされないに決まっているのである。短縮形を使うかどうかの判断は、その言葉が、どれくらい市民権を獲得しているのかによって決まる。安易な短縮形は、若者の好むところではあるが、ごく普通の人も使っているのであれば、そういう言葉は使ってもかまわない。

たとえば、「携帯電話」を「ケータイ」と短縮するように、その短縮形の表現が十分に市民権を獲得していると思える場合にだけ、口にするのが無難だろう。

性格的にきっちりしている人は、保守的である。

それは言葉づかいにも言えるのであって、流行語や若者言葉を使わなければ、それだけ保守的に見られるのである。一般的に保守性とは、「重さ」と言い換えてもよく、保守的な話し方をしていれば、どんな若者でも、老成して見えるのである。

もちろん、老成して見えたほうが、どっしりとした重みを感じさせる人物として扱ってもらえることは言うまでもない。

「賛成です」の一言でますますナメられる

頭がいいと思ってもらえるかどうかは、ひとえにどれだけの知識を相手に見せつけられるかにかかっている。知識というものは、相手に見せなければ意味がないわけで、遠慮深く知識を隠していると、知らぬ間に無能扱いされてしまうのだ。

社会人になると、高校の模擬テストのような客観的なテストはなくなるわけで、「知識がある」とか「知識がない」という評価は、どれだけ自分が知識をアピールできるかによって決まってくる。

したがって、たとえどれほどの知識を有していても、機会があるたびに、そうした知識を開陳《かいちん》していかないと、「あいつは知識がない」と見なされてしまいかねないのである。そして**いったん無能と評価されると、その評価はいつまでも持続する**のである。

たとえば、会議において自分の意見を求められたとき、「僕も賛成です」とか「異議なし」などと答えているだけでは、せっかくのチャンスを棒にふってしまうことになる。たとえ賛成であっても、うまく知識をおりまぜていかなければ、〝知的な人間〟という評価をかちとることはできない。

たしかに「賛成です」の一言ですむのかもしれないが、**あえて知識を開陳し**よう。

「みなさんがおっしゃることはまさに正論ですし、**私も賛成なのですが、〇〇〇〇の点については、どうなるのでしょうか？**」

などと、「〇〇〇〇」の部分に自分の持っている知識を挿入し、「自分にはこれだけの知識があるんだぞ」ということを、わざわざ見せつけなければならないのである。

社会人にも、全国共通の知識テストや教養テストがあって、私は80点とか、僕は90点ということを示せれば苦労はしないのだが、現実には、そういうテストはない。したがって、自分がどれだけの知識を持っているかは、自分でひけらかさないと相手には決してわかってもらえないものと覚悟してほしい。

オランダのアムステルダム自由大学の心理学者ポール・ヴァン・ランゲ博士によると、「知的」と評価されている人は、模擬交渉の実験において、相手から親切な対応や、協力的な対応を受けやすくなるのに対して、「**知的でない**」**と評価されている人は、無茶な要求をぶつけられる**などの、厳しい対応をとられてしまうそうである。つまり、知的でないことが相手にバレると、ナメられてしまうわけである。

「あまり余分なことを付け加えても、説明がくどいと思われるしな……」

「話の本筋と関係ないことを話しても、うっとうしいと思われるしな……」

「たぶん、この情報はみんな知っているだろうからな……」

などと考えて、せっかくの知識を披露することをためらってはいけない。少しくらい話の本筋から脱線しようが、そんなことはどうでもいいのである。「知的な人」と思ってもらうためには、とにかくチャンスを見つけたら、積極的にそのチャンスを生かすのだ。


サッカーの日本代表の得点力のなさは有名であるが、積極的にゴールを狙わなければ、試合に勝つことはできない。チャンスで得点をあげないと、どんなにパスまわしがうまくとも、得点にはむすびつかない。みなさんも、チャンスを見つけたら、果敢に自分の知識をひけらかしてゴールを狙っていこう。

会話のつなぎ目に「なぜなら」を連呼しろ

現在のビジネスシーンでは、〝論理的思考〟とやらが、もてはやされているようだ。

ところで、論理的思考というものは、具体的にはどういう思考を指すのだろう。そしてまた、論理的思考を持っていることは、どのようにして相手に理解してもらえるのだろう。読者のみなさんは、その答えがわかるだろうか。

私があれこれと考えた結果、ひとつの結論に思いあたった。それはつまり、結局のところは、だれも論理的思考のことなどわからないし、他人がそれを持っているかどうかも、よくわかってなどいない、ということである。

では、なにが「あの人って、論理的な思考の持ち主だよね」という評価に結びつくのかといえば、**その人のログセ**にすぎない。

もっと具体的に説明しよう。

会話の端々に、「なぜなら」「それゆえ」「つまり」などの単語が入ってくると、話の内容が支離滅裂でも、**なんとなく〝論理的〟に聞こえてしまう**のである。ようするに、あなたが論理的思考を持っていることをアピールしたいなら、そういう言葉を、意識して語ればいいだけなのである。難しいことはどこにもない。そうやって話していれば、相手はまんまと騙《だま》されてくれるのである。

相手の話をよく聞いていると、「なぜなら……」と言いながら、その後に理由らしきものがなく、「なぜなら」という言葉の使い方を間違えている人もいる。「つまり……」と言いながら、その後に要約した内容や結論が出てこない人もいる。やはり、言葉としては使い方を間違えている。

にもかかわらず、そういう言葉を話す口グセのある人は、**どことなく〝論理的な人間〟の雰囲気**を漂わせている。

論理的な人間＝イメージ・口ぶりで判断

どんな世間話でもいいので、人と話をするときには、「なぜなら」「それゆえ」という単語を好んで使っていれば、みなさんも論理的な人間だと見なしてもらえるだろう。あまりに単純な方法なので笑ってしまいそうだが、これは本当の話である。

「なぜなら……なぜなら……なぜなら……」と、センテンスのつなぎ目に〝なぜなら〟を連呼しているだけで、十分に論理的な人間だと思ってもらえるのだから、わざわざ「論理力を磨くトレーニング」といった本を読んで勉強する必要など、どこにもないのだ。

私たちは、「論理」と聞くと、三段論法やら難しい規則があって、それに基づくものだけが「論理的」と思いがちだが、そんなことはない。

論理的な人間だと相手に評価されるかどうかは、とてもくだらないことで決まってしまうのである。

ちなみに、今回の話とは少しずれるが、マサチューセッツ州にあるブランダイス大学のジャネット・ロビンソン博士によると、話の内容などはどうでもよく、ただ声の大きさが75デシベルであれば、話を聞いている人に、「あの人は論理的だ」と思ってもらえることも確認されている。人間は、些細《ささい》なことで相手の論理性を評価してしまうことが、この実験からもわかるだろう。

「知識を限定」することで教養を匂わせる法

知識を問われるような質問を受けたとき、自分の有する知識を見せつけるのではなく、あえて「隠す」という高等技術もある。

たとえば、「内藤先生は、人体の生理学について詳しいのですか?」と質問されたとき、「脳の働きくらいだけですかね」と限定的に答えるやり方がこれに当たる。

このやり方は、自分の知識をひけらかすのではなく、むしろ限定しているのであるが、そのためにかえって**奥ゆかしい印象を与える**のに役立つ。

もちろん、あまり知識がないことを相手に悟らせない、という効果も持っている。ちなみに、私は生理学のことなど何も知らないし、脳の働きについても知らない。

「山田さんは、経済学部の出身でしたよね？　ちょっとお聞きしたいことがあるんですよ」とだれかに相談されたときにも、「マクロですか？　ミクロですか？」とでも答えておけば、大学時代に遊びほうけていて、1冊も経済の本など読まなかったことを隠すことができるだろう。

もしかりに相手が、「マクロ経済のお話なんですけど……」と言ってきたら、「ああ、それは残念。僕は、ミクロ経済のほうが専門でしたので」と答えればよいし、逆に、相手がミクロ経済について聞きたいというのなら、自分はマクロ経済学が専門だったと返事をすればよい。どちらに転んでも、あなたは自分の面目を保つことができるだろう。

どんな分野でもそうだと思うが、何ひとつとして知識を持っていない、ということは通常、あまりないものである。どこかで見たり、聞いたりした断片的な知識を、1つか2つくらいは持っているものなのだ。

頭の中を片っぱしから探しまわれば、1つくらいは「キーワード」となるものが見つかるはずで、それをもとに限定された知識があることを相手に伝えればよい。

私も、あまり経済学については詳しくないが、それでも、「ケインズ」、「計量経済学」、「アダム・スミス」といったキーワードは知っている。したがって、これらの知識を総動員すれば、それなりに経済の知識があるように見せかけられる。

たとえば、先の例のように経済学について詳しいのかと質問されたら、次のように返事をしておけばよい。

「ああ、残念。僕が研究していたのは、**古典派の経済理論**だけなんですよ」

「お力になれず、すみません。僕は、**サミュエルソンの経済学**しか知らないので……」

「その分野は専門外なんですよ。**ケインズの理論**ならお話しできたのですが」

どうだろう。

こうやって話をしているぶんには、それほど**頭が悪そうにも見えない**のではないかと思われる。

中途半端に知識を持っている人は、ついつい知識を吹聴《ふいちょう》してしまうが、本当に知識がある人は、逆に謙虚なものである。自分の知識が限定的であることを知っているので、謙虚になれるのだ。

知識をひけらかすだけが能ではない。むしろ、それを隠したり、限定したほうが、かえって相手からも好意的に評価してもらえることを知っておこう。

はやる気持ちをおさえて、訥《とつ》々《とつ》と語る

早口でペラペラとまくしたてていると、言葉に重みがなくなる。

「あいつって言葉が軽いよな」と言われる人は、たいてい早口である。立て板に水のような話し方をしていると、どうしても言葉が軽くなりすぎるので注意しよう。

読者のみなさんも、セールスやら勧誘の電話を受け、受話器の向こうから、淀《よど》みのないセールストークを聞かされてうんざりした経験があるだろう。そういうセールストークは、あまりにも軽すぎて、とても心が動かされるものではない。

「はじめまして、こんにちは。本日、お電話をさせていただきましたのは、〇〇さんにとりましても、決して損をするお話ではなく……」

と、**いきなりマシンガンを乱射するようなセールストーク**を浴びせかけてくる人がいる。その話術は、たしかに見事だとは思うが、**どこか信用はできない**な、と読者のみなさんも思うのではないだろうか。

早口でしゃべっていると、言葉が軽くなってしまう。

だとしたら、〝重み〟を感じさせるのは、その反対をやればよいことになる。つまり、訥々と、噛《か》んで含めるように、**ゆっくりと話をするクセをつければよい**のである。

できるだけ低く抑えた声を出し、一語一語を、はっきりと発音するようにすると、それだけであなたは〝重みのある人間〟をアピールすることができるだろう。

斎藤茂吉《さいとうもきち》さんは、『作歌実語鈔』の中で、「都会人は早口だが、どことなし軽薄に聞こえる。田舎人は遅口で気が利かないが、どことなし質実に聞こえる」と述べている。

田舎の人の話し方は、都会の人にくらべると間延びして聞こえるけれども、だからこそ信用されやすい、というところがあるのだ。

米国メリーランド大学のスタンレー・フェルドスタイン博士は、ゆっくり話す人物は、早口で話す人よりも「魅力的」と評価されやすい、ということを実験によって確認している。たしかに早口も悪くはないのだが、浮《うわ》ついて、軽薄そうなイメージを与えてしまうリスクがある。**ゆっくり話したほうが魅力的**であるとも評価してもらえるのだ。

また、ミシシッピ州立大学のシェリー・ロビンソン博士のグループが、国立植物園についての講義をするときの速度を変えるという実験をしたことがあるのだが、ゆっくり（1分間に100語）で話をしたときのほうが、普通（1分間

●ゆっくり話をすると、話題の重要性を感じてもらえる

＊数値は、聞き手に感じさせるテーマの重要度を示す。
出典:Robinson.,S.L.,et al

に１５０語）で話すときや、早く（１分間に２００語）で話すときにくらべて、そのテーマを重要だと感じさせることができたという報告を行っている（グラフ参照）。

芸能人でいうと、明石家《あかしや》さんまさんなどが、かなりの早口である。さんまさんを見てもわかるとおり、どこか軽薄そうな雰囲気が漂う。言葉が軽すぎて、その人となりまでも軽く見えてしまう。

これでは、本書で目指す理想の人物像とは、まるで逆である。

しかもまた、早口で話をしていると、「感情的」に見られやすいという問題もある。早口で話そうとすると、どうしても声のトーンも高くなりがちで、感情的に見られやすいのだ。

ヒステリーを起こして、かん高い声でわめいている人をイメージしてもらえればよいが、早口で話をしていると、そういう人物だと思われてしまうのである。

べつに会話など、上手にできなくてもかまわない。むしろ、「話すのが苦手」だという人には、訥々と話すやり方のほうに磨きをかけてもいいだろう。

「私は頭が悪いんです」と、先手を打つと知的に見える

他人から、「お前って頭が悪いよな」と指摘されることほど、腹わたが煮えくり返ることはない。だからこそ、前もって、相手の指摘を封じておくことは有効である。

そのための最善の手段は、相手に指摘されるよりも前に、自分からそれを認めてしまうことであろう。

つまり、**「私は頭が悪いんです」と率先して公言してしまう**のである。

他人から言われると腹が立つことでも、自分で言うぶんにはあまり腹が立たない。

それはちょうど、他人から「お前ってデブだな」と指摘されるのは気に入らないが、「私はデブなんだ」と自分から言ったほうが、まだしも傷つかないのに似ている。さらに、自分から自分の弱点を明らかにすると、えてして「キミは、キミが思っているほど、太ってはいないよ」と相手が励ましてくれることのほうが多いことも救いになる。

しかも、自分から頭が悪いと認めると、むしろ相手は、あなたを賢明な人だと思ってくれることのほうが、現実には多いのである。

夏目漱石《なつめそうせき》も言っている。

「自分で自分の馬鹿を承知して居る程尊とく見える事はない」と(『吾輩は猫である』)。

イリノイ大学のデボラ・グルエンフェルド博士によると、聞き手は、話の裏側を読み取ろうとする傾向があり、あなたが「僕は愚かな人間なんです」と言っても、相手はそれをそのまま言葉どおりに受け取ろうとはせず、むしろ逆のこと、すなわち「賢明な人だからこそ、自分をそんなふうに悪く言っているのではないか？」と推測してくれるというのである。

テレビの討論番組の司会者でもおなじみの田原総一朗《たはらそういちろう》さんは、自分で自分のことを頭が悪いと素直に告白してしまう。だからといって、田原さんのことを本当に頭が悪いと思う視聴者は、それほどいないのではないかと思われる。

たとえば、田原さんは、「あなたは彼に会ったことがありますか？」と質問したとき、「ええ、面識はあります」と相手から返事がかえってくると、「面識なんて言われても、僕は頭が悪いからよくわからないんだけど、2人きりで会ったことがあるかどうかを聞きたいんですよ」と切り返したりする。

こういった切り返し方は、かえって頭がよさそうに見えるのに役立つと思うのだ。

もし他人から、面と向かって「キミは、理解が遅いな」と指摘されたら、

「そうなんです、理解力が足りないんですよ。ですから、もう少し詳しく説明してください」と切り返すべきである。

自分の能力のいたらない点を認めてしまえば、相手はそれ以上あなたを責めるわけにはいかないし、**相手を心理的に追いつめることもできる**からだ。

松下幸之助《まつしたこうのすけ》さんにしろ、本田宗一郎《ほんだそういちろう》さんにしろ、**一流の人間ほど、あまり知ったかぶりをしない**。彼らは、知らないことは、「知らない」と正直に告白してしまう。知らないことを認めることには勇気がいるけれども、だからこそ自分の無知をさらけ出せることは、自分が一流であることの証明にもなるのである。

がんばって知ったかぶりしたところで、底の浅さを露呈《ろてい》するだけの危険があるときには、迷わず、自分の無知を公言する作戦に切り替えたほうがいい。知識があるように見せることも大切だが、時には、無知であることを装ったほうがいい場合もあるのである。

弱音を吐くなら、相手は「こんな人だけ」にしろ

ビジネスという戦いの現場では、神話的にまで強力なリーダーのみが、信頼を集める。

そのためには、いつでも超人的にふるまう必要がある。もっとわかりやすく言うならば、「弱みを見せるな」ということである。

ビジネスの現場は、弱肉強食。そこでは弱者が、強者の餌食《えじき》になるという単純な原理が働いている。人間は平等であるとか、公平であるとか、あれこれと理想をこねくりまわしたところで、そんな理想は冷厳な現実の前では、吹き飛んでしまう。

そういう場所で戦っていこうと決めるなら、「**弱さ」を演出するなどは、愚の骨頂**である。弱さをアピールして、相手の共感を誘う方法もたしかにあるのだが、本書のテーマに沿って考えれば、それは最も拙劣《せつれつ》な方法でしかない。

交渉やセールスのやり方として、〝泣き落とし〟という戦術がある。

「お願いしますよぉ……」などと情けない声を出して、お客やクライアントの同情やら共感を引き出す戦術である。この戦術によっても、契約をとるという目的は達成されるのかもしれないが、軽く扱われないためのノウハウを説くという、本書の趣旨からは大きく外れてしまう。

「あいつは、だれとも取り換えのきかない人間だ」

「あいつは、本当にタフな男だ」

「あいつほど才気のあるヤツは社内にいない」

そう思われたいのであれば、弱さをアピールするのは厳禁である。

といっても、何も難しいことをせよ、というのではない。人の弱さというのは、その人の発言にあらわれてしまうものだから、「**弱さ**」**に結びつくような言葉を口に出さない**ようにするだけでわりと簡単に実践できるものである。

たとえば、次のような表現が、その人の弱さをあらわにしてしまう例である。

「……どうせ、何をやったって、うまくいきませんよ……」
「……僕は、疲れました。少しだけ、休ませてください……」
「……あらゆる試みをしましたので、もうダメです……」

たとえ心の中でそう思ったとしても、それを口に出さないだけの強さをもとう。口に出さないだけでいい。

万策尽きたので、後は玉砕するしか道はないとは諦めつつも、人前で口にするときには、「A案がダメだったので、今度はB案を試してみますねっ！」と明るく、陽気に言ってのけられるくらいでなくては、精神的にタフな人間とは見なしてもらえないのだ。

ニューヨーク市立大学大学院のバリー・ジマーマン博士は、こんな実験を行っている。

2本のもつれたワイヤを解かせるという実験をするとき、「よし、解けそうだぞ」とか「これでダメなら、別のやり方を試してやれ」などと積極的な発言をする人と、「難しすぎてダメだ」とか「うまくいきそうにないや」などと、やる気のくじけた発言をする人をくらべると、周囲の人に明るい影響を与えるのは、前者の人だった、というのである。

弱気な発言をしていると、周囲の人たちもネガティブな気分になってしまうので、そういう人ほど、煙たがられる。

もちろん、いつでも強い人間を演じるのは、非常に肩がこるから、たまには弱気なところを見せてもかまわない。ただし、相手を選んでである。精神的にクヨクヨしたり、弱気になったときには、信頼できる人（奥さんや恋人）にだけ、弱いところを見せるのだ。

豊臣秀吉《とよとみひでよし》は、家臣の前では、自信たっぷりの発言をしたり、その余裕っぷりを見せつけたが、妻のねねの前では、怖さや弱みのすべてをさらけだしたという。そのため、秀吉は、ねねには終生頭が上がらなかったそうだ。


弱さを全部自分で処理できるほど、強い人はいない。

そんなのは当たり前である。

しかし、その弱さを上司や部下を含めて、社内の人や取引先の人に見せてはいけないのである。

相手を選んで泣きつきながら、上手にストレスを処理しよう。

会話に入れる数字は官公庁から得たものに限る

会話では、ちょこちょこと〝数字〟を混ぜ込むようにして話をするクセをつけたい。数字を使って話をする人は、それだけでも知的に見えるからである。

というより、知的だと思われている人ほど、そういう会話を普段から心がけているものなのである。

「交際費っていうのは、決してムダな経費じゃありません」

というより、

「交際費が、売上に貢献する数字はこれこれです」

という話をしたほうが、相手も納得してくれやすくなるだろう。同じ表現をするのでも、**数字を使ったほうが、説得力が高まる**からである。

ヴァージニア州ノーフォークにある、オールド・ドミニオン大学の心理学者E・J・バスラー教授が、292名の大学生に、次のような2通りの文章を読ませてみたことがある。

- **子どものうちに非行に走る子どもの多くは、大人になると犯罪者になります**
- **子どものうちに非行に走る子どもの80%が、大人になると犯罪者になります**

この2つの文章は、言っていることは同じである。ただ、後者には数値が入っている点だけが異なっている。

バスラー教授が、こうした文章を読ませて評価してもらったところ、**統計的な数字が入っている文章のほうが、はるかに説得的だと評価される**ことが判明した。数字は、その内容の説得力を高める働きをするのである。

どんな会話をするときにしても、数値、データなどを含めるようにしよう。

そういう知識が自分にあることを示そう。たったそれだけで、相手に感心してもらうことができるのだから。

もちろん、数字を入れて話すためには、関連する数値や基礎的なデータを、あらかじめ頭の中に叩き込んでおかなければならない。

「数字を見ていると、鳥肌が立つ」という数学アレルギーのある人がいるかもしれないが、数字を覚えるのは数学の問題を解くというよりは、歴史の年表や漢字の暗記と同じである。何度か数字を口ずさんだり、紙に書いたりしていれば、だれでも覚えられる。数学の能力とは全然関係がないので、ご安心いただきたい。

ただし、せっかく数字を覚えるのなら、できるだけ信憑《しんぴょう》性の高い統計を覚えるようにしよう。信憑性の低い統計の数値などを覚えたところで、まったくムダだからである。

基本的には、**官公庁の白書に載せられているような統計の数値が一番安心**である。次に、研究者や学者が出している数値なども信用できる。

業界や団体で出している統計は、その業界や団体によって都合のいい統計であることが多く、やや信憑性は落ちる。雑誌に載せられている読者アンケート調査なども、信憑性は低いと見なしてよい。

ネットで見つかる調査には、かなり質の悪いものがまじっていて、あまり信用はできない。また、新聞に載せられている統計は一応信用できるが、内閣支持率など、新聞によってかなりの差があることも多いので、注意が必要だ。どうせ数字を覚えるのなら、できるだけ信用できるソースから得られたものにしよう。

「この人と話したい」と思われるための2つの秘訣

人と話をするときには、名アナウンサーや、名司会者と呼ばれる人たちの話し方が参考になる。彼らが注意しているのは、**意味のある文節ごとにわけて話をするクセ**をつけることと、**正しい発音**を心がけることである。この2つを守れば、だれでも相手に聞きとりやすい話をすることができるのだ。

話がヘタな人は、まず文節ごとの区切り方がなっていない。言葉を習い始めた小学生のように、「昔々ある、ところにおじいさん、とおばあさんが、住んで……い……ま……した」という具合に話をするのである。

もちろん、これは、「昔々、あるところに、おじいさんとおばあさんが、住んでいました」と語るのが正解である。

英語を話すときもそうで、意味のあるまとまりごとに話すように心がけると、たとえ話すのが遅くとも、それなりに上手に聞こえることを覚えておこう。

また、滑舌をはっきりさせて、正しい発音ができるようにしておくことも大切だ。口の中で、ごにょごにょと発音するクセがある人は、聞き取りにくいばかりでなく、**意気地がないとか、頭が悪いと思われてしまう**ので注意しよう。

鼻にかかるような話し方をする人と電話で話したりしていると、「一《いち》」と「七《しち》」がわかりにくかったりして、イライラさせられることが多い。

電話中に、「えっ、何ですか?」と相手に何度も聞き返される経験があるなら、自分は正しい発音ができていないのだな、と反省しよう。

ジョージタウン大学のアニー・スパーリング博士が、9歳から14歳までの75名の子どもを調べたところ、**頭のいい子どもほど、正しい発音ができた**という。

博士が、70の単語を発音させてみると、頭のいい子どもは、平均して61個の単語を正しく発音できたのに対して、頭が悪い子どもは、37個しか正しく発音できなかったというのだ。

私も、小学生と中学生の家庭教師をしていたことがあるが、伸びる子どもは、文章を読むのがうまかった。文章をスラスラと、正しい発音で読める子どもは、国語の能力だけでなく、数学も理科も英語も、成績がのきなみ良かった。正しい発音ができる子どもは、本当に頭もいいのである。

もちろん、**たとえ頭が悪くとも、正しい発音をしていれば、それなりに知的な感じにも見える**ことを覚えておこう。アナウンサーや司会者を見ればわかるとおり、彼らは知的な雰囲気を振りまくのがうまいのだ。


滑舌をはっきりさせ、文節できちんとメリハリをつけながら話をするようにすれば、周囲の人たちからは、話の上手な人、と認知されるようになるだろう。

しかもまた、正しい発音で話したほうが、好印象を与えることも覚えておくとよい。

発音の汚い人にくらべて発音のきれいな人は、それだけトクをするのである。

Column 1

ダメな人がよくやる「ダメな年賀状」のポイント3つ

最近、仕事でお付き合いする人が増えたせいか、お正月ともなると、ポストから溢《あふ》れてしまうのではないか、というくらいの年賀状をいただけるような身分になった。まことにありがたいことである。

だが、しかし、年賀状をいただけるのはありがたいのだが、なかにはどうも首をひねらざるを得ないようなものも混じっていて、非常に気になるようになってきた。「こんな年賀状を送ってよこすくらいなら、むしろ出さないほうがいいのに……」と鼻につくものがチラホラと見つかるのだ。

今回は、〝ダメな年賀状〟について考察してみよう。

ダメな年賀状の1つめは、メールのものである。中高生を中心にして、最近では、年賀状をハガキではなく、メールですませてしまうという傾向があるというが、普段は、メールでやり取りしている相手でも、せめて年賀状や暑中見舞いくらいはハガキで出すべきではないだろうか。

たしかに、メールでも送ることはできるが、どうしても〝軽い印象〟を与える。とりわけ、画像だけのつまらない年賀状は、開くのに時間がかかるわりに、たいして面白くもない。こんなものをもらっても、少しも嬉しくない。はたして、こういう人はもらう側の気持ちを少しでも配慮しているのであろうか。

ダメな年賀状の2つめは、きちんと元日に届かないものである。おそらく、12月の29日とか30日になって、会社の上司にでも命じられて、あわてて年賀状をまとめて書いているのだろうが、その年賀状が相手に届くのは、1月の3日か4日。これでは遅すぎるのである。

元日中に届かない年賀状は、もはや年賀状でさえない、と私は思っている。他のイベントで考えてもらえれば、これはよく理解してもらえるはずだ。

たとえば、自分の誕生日から、2、3日遅れて、「ハッピーバースデイ！」

と言われても、嬉しいわけがないし、12月27日くらいになって、「メリークリスマス！」と言われて、プレゼントを贈られても、かえって自分がバカにされているように思うのではないだろうか。そういうおかしなことを、年賀状でしてよいわけがないのである。

「年賀状は松の内の間に届けばいいのです」などと書かれたマナー本もあるが、ウソである。元日に届かなければ、まったく意味がない。

ダメな年賀状の3つめは、本文はおろか、宛名も何もかもが印刷されたものである。自筆でなくともよいが、何かしらのメッセージ（近況など）を書いていないものは、私は一秒で捨てる。「とにかく年賀状を出してあげたんだから、いいでしょ」という送り主のホンネが見え隠れして、まったく不愉快な年賀状である。

オランダにあるユトレヒト大学の社会学者A・コンター博士によれば、贈り物を交換しあうことは、お互いの感情的な結びつきを強める働きをするそうである。年賀状を送ったり、送られたりするというのは、うまくすれば、相手ともっと親密になれるチャンスなのである。

にもかかわらず、相手の気持ちをきちんと配慮していない年賀状を送りつけるのは、まさに自分から嫌われるようなことをしているのであり、藪《やぶ》をつついてヘビを出す、というのはこういうときに使う表現なのではないかとさえ思われる。

仕事先の人たちに年賀状を書かなければならない人は、何十枚も何百枚も書かなければならず、それはかなりの手間であることは推察できる。しかし、だからといっていい加減にやってよい、ということにはならない。どうしても年賀状を書くのが面倒なら、そもそもだれにも送らないほうがまだマシとさえ言えるのだ。

第2章

「謙虚さ」はナメられる

相手を心理的に威圧する技法

目をきゅっと細めて、相手の顔を見つめる

話をしていて、どことなく**威厳を感じさせる人には、近眼の人が多い**ことをご存じだろうか。

近眼の人は、視力が弱いために、焦点をあわせないと視界がぼやけてしまう。そのため、きゅっと目を細めるようにして相手の顔を見つめざるを得ないのだが、そうすることによって、**目に何ともいえない凄みが加わる**のである。大物に近眼が多いというのは、目を細めて人を見つめるクセがあるからであろう。

私も、中学くらいから近眼が始まったので、黒板でもポスターでも、遠くにある対象を見つめようとすると、目を細めるクセがある。私としては、別に意

識しているわけではないのだが、他の人にとっては、それがとても怖く見えるらしい。レストランで、メニュー表の文字を読んでいるだけなのに、一緒にいる人から、「どうして怒っているの?」と聞かれてしまう始末である。

大物の俳優さんにも、映画監督にも、文芸批評家にも、近眼の人には、目に凄みがある人が多い。たぶん私と同じく、本人は意識などしていないのだろうが、周囲の人はけっこう怯《おび》えているのではないかと思われる。

もうおわかりだろう。目に凄みを出したいのなら、単純にきゅっと細めればいいのだ。

たったそれだけで、ずいぶん強そうに見えるのである。

これを裏づけるデータもちゃんとある。

コルゲート大学のキャロライン・キーティング博士が、男女12名ずつに頼んで、顔写真を撮影させてもらった。そして写真に写っている目が、特殊な機械を使って、15％ほど大きく見開いたように見えるものと15％ほど細めたように見えるものを作成してみたのである。

そして、できあがった写真を約50名の人たちに見せて、「この人は、どのような性格でしょうか?」と聞いてみたところ、目を細めている写真を見た人たちは、「強気」と評価したのである。逆に、同じ顔写真でも、目を大きく見開いている場合には、「服従的」と評価されやすかったという。

目を細めた人……強気にみえる
目を見開いた人……服従的

どんなにかわいい顔をしている人でも、目を細めれば、それなりに怖い印象を与えることができるのだ。小さな子どもでも、怒って目を細めているときには怖く見える。大人なら、なおさら怖く見えるだろう。

なお、目を細くしようとすると、必然的に、眉《まゆ》にシワが寄るような格好になって、不機嫌そうな表情にも見える。あなたのそんな顔を見て、相手は、「自分に何か非があるのだろうか……」と心配して弱気になってくれることもある。つまりは、**自滅してくれる**のである。

もしあなたが近眼なら、メガネとコンタクトをはずして人に会ってみるのはどうだろう。焦点がぼやけるので、自然と目を細めることができるし、それが名状しがたい凄みを感じさせるのに役立つはずだ。それにまた、目を細めていると、案外、強気な気持ちにもなれるものである。

仕事で力を入れるなら「4月」にしろ

入社してから1年目が勝負といわれるが、まさにそうである。なぜなら、入社したばかりのすぐの段階なら、仕事のスキルなどどんぐりの背くらべのようなもので、ちょっとでも頑張れば、すぐに人より一歩上に立てるからである。

私は、これから就職を迎えようとする学生さんには、スタートダッシュをかけなさい、とアドバイスしたい。

最初に頑張れば、同僚や先輩たちから「あいつは、すげえな」と色メガネをかけて見てもらえるからである。そして、そういう**色メガネで見てもらう**ようにすると、自分としてもそうした期待に応えようとし、本当に優れた人材へと育っていくものなのである。

「会社に入ったら、まずは遊びを覚えよう」とか「恋人をつくろう」などという浮ついた人が多いなかで、あなたが頑張っていれば、自然と目立つ。そうやって入社1年目に目立つことで、周囲から期待してもらうようになるのがコツである。

米国ケンタッキー大学のモニカ・ハリス教授によると、先生に期待をかけられた子どもほど、実際に成績がよくなってゆき、逆に、先生から、「あいつはダメだ」と見放された子どもは、本当にダメになってゆくという。

中学校でも、高校でも、**1年生の最初の中間テストが勝負**である。ここで上位の成績をとると、先生も「優秀なヤツ」とみてくれるので、子どもにとっても気分の悪かろうはずがない。すると子どもの目の輝きと自信が、自然と顔と態度にあらわれてくるようになるのである。

会社でも同じなのだ。

新卒なら、1年目のダッシュで同僚たちを大きく引き離し、トップを突っ走ることが、その後の会社でのポジションを決めてしまうのである。

すでにあなたが2年目以降なら、4月のダッシュが必要である。

なぜ4月に頑張るのかといえば、新入社員にいいところが見せられるし、「あの先輩って、優秀なんだな」という評判がたてば、やはり先輩としての自信がつくからである。

入社1年目の4月でダッシュする
＝
勝ちやすく、自信もつく

ウサギとカメの競争の寓話《ぐうわ》では、のろのろでもしっかり歩いたカメが勝者になったが、**みなさんはカメを真似してはいけない**。スタートダッシュで、他の人の追随を許さないほど突っ走るウサギにならなければならない。

よく人生はマラソンにたとえられるが、だからといって、**最初から最後まで同じペースで走ってよいというわけではない**のだ。最初でスタートダッシュを決め、トップ集団にもぐりこんでいなければ、後から追い上げられるわけがないのである。マラソンの勝負でも、短距離走だと考えたほうがいいのだ。

「俺は、人生という名のマラソンにおいて、ラストスパートでみんなを追い抜いてやるぜ」などと悠長に考えているとしたら、まことにおバカさんの発想である。人生の後半になると、パワーも落ちていて、疲れもたまっていて、とてもラストスパートできる余力などなくなっているのが普通だからだ。

むしろ、「若いうちは、とにかくがむしゃらに頑張って、50歳になったらさっさと引退して遊ぶんだ」という具合に、発想を転換したほうがいい。

ロック・ギタリストの神さまと呼ばれるエリック・クラプトンの話である。

彼がまだセミプロだった頃、演奏が終わってバンド仲間から飲みに誘われても、「飲みたいのはやまやまだけど、一流のギタリストになるために、今、僕がやらなければならないのは酒を飲むことではなく、ギターの練習をすることなんだ」と言って断っていたそうである。

今の自分が置かれた状況を、よく考えよう。

遊ぶのもいいが、がむしゃらに頑張る時期なのだとしたら、がむしゃらに突っ走って、だれにも負けない仕事のスキルを身につけるべきなのではないだろうか。

不用意に頭を下げると、仕事はこない

江戸時代の商人は、相手がお客さんであれば、七重の膝を八重に折ってペコペコしていたという。腰の低さだけで生き抜くしかなかったからだ。今でも、「腰の低さ」は商売人の秘訣とさえいわれている。

そうした商売の知恵を疎《うと》んじるつもりはないのだが、**ペコペコしているだけで、本当に大丈夫なのだろうか**。私には、とてもそうは思えない。

たしかに、下っ端の若造であれば、そういう修業も必要であろう。下げたくない頭を折ることも修業のひとつである。決して、それが無意味だとは言わない。しかし、それもある程度までにしておく必要があるだろう。30歳になっても、40歳になってもペコペコしていたら、威厳も何もなくなってしまう。

私は、心理学者だけに、自分を〝実験〟にかけるのが好きである。実験的に、だれよりも腰を低くする演技をしたこともあるし、逆に、ふんぞり返ったような、横柄な態度で人に接したこともある。そうやって、いろいろと自分を〝実験〟にかけることも、違った自分を発見できて、面白かったりするからだ。

そうした私の実験結果からいえば、腰を低くして、「ぜひお仕事をさせてください」などというメールを編集者に頻繁に送っているうちには、かえって仕事をまわしてもらえなかったような気がする。「機会があればぜひ」などと、するりとかわされ、本を書くチャンスはもらえなかった。


ところが、自分は大作家なのだと思いこみ、「今すぐは、とてもムリだがね。半年くらい待ってもらえるなら、あなたのところで書いてあげてもいいんだよ」という横柄な態度を実験的にとってみると、これが**意外なことに、うまくいく**ことに気がついた。

本当は、のどから手が出るほどに仕事がほしいときでも、スケジュールががらがらに空いているときでも、わざとすぐには会わずに、1、2週間ほど打ち合わせを伸ばしたこともある。

ドイツのビジネスマンは、アポなしでやってきた人には、たとえ自分がヒマでも、決して会わないという。ヒマな人間と思われないための知恵である。私もそれを真似て、**急ぎの仕事は引き受けないし、不用意に頭を下げない**ようにしたのだ。

この作戦の効果はてきめんであった。たいして売れる作家でもないくせに、「あの人は、本当はすごく才能のある先生なんじゃないか?」と勘違いしてくれる編集者があらわれ、本を書かせてくれるチャンスが増えてきたのである。

ノースイースタン大学のマリアン・マスト博士の実験によれば、頭を下げている人の写真を評価してもらうように頼むと、「この人は、弱そう」という具合に評価されたという。

しかも、「この人はボスだと思いますか?」と質問してみると、「とてもボスになるような人物には見えない」という答えが返ってきたそうだ。

腰が低く、**謙虚な姿勢でいることは「軽く見られる」という危険と隣り合わせ**なのである。

もちろん、丁寧な人間であることを忘れてはならないと思うが、だからといって、気弱で、与《くみ》しやすい人間だとあなどられてはならない。そのためには、ちょこちょこと横柄な態度をとったほうがいいことも知っておくとよいだろう。

「不機嫌な声」「仏頂面」を戦略的に使う

ビジネス書を読んでいると、「笑顔は、人と人とをつなぐ潤滑油。いつでも微笑みを絶やさない魅力的な人間になってくださいネ」などと書かれていることが多い。たしかにそれは正論であるし、私自身もそんな感じのことを書いたことがあるので、決して反対はしないけれども、笑顔一本やりで、ずっとやっていこうとするのは、やはり現実的にムリなのではないかと思うのである。

笑顔は、たしかに魅力を高めるための重要な要素ではあるが、それはまた**「腰ぎんちゃく」に見られかねない**という、まことに厄介な要素もはらんでいるのである。

笑顔は、使い方によっては、薬にもなれば、毒にもなるという、まことに危なっかしい劇薬のようなところを持ちあわせているのだ。

メリット……明るい・魅力的
デメリット……腰ぎんちゃく・服従的

「笑顔でも勝負できる」のと、「笑顔でしか勝負できない」のとでは、似たようなことを指しているようで、全然違う。

まずはそのことを認識しておいてほしい。

今回は、笑顔の作戦とはまるきり反対の作戦である、仏頂面の効用について少しだけお話しさせていただきたい。決して笑顔を否定するものではないが、「仏頂面にも、いいところはあるんだよ」というお話である。

たとえば、かかってきた電話に出るときに、さわやかな声で、

「ハイッ、お電話かわりました！　いつもお世話になっております、○○で

す！」

と返事するようでは、まだまだ若い。

こんな返事をしていると、**たいてい相手の言いなりに要求をのまされることになる**ことがわかっていないのである。

私なら、もし電話をかけてきた人の注文がだいたい推測でき、しかもそんな要求に応じたくないときには、あえて不機嫌そうな声を出す。

「……はい……かわりました。ああ？　よく声が聞こえねえな。どなたさん？」

という感じで切り出すのだ。

だいたいの人は、この時点で度肝を抜かれ、あまりムリを言わなくなる。いや、言えなくなる。こちらは、それを狙ってやっているわけだが、たとえ相手がだれであろうと、そんな電話の応対が失礼であろうと、それでも勢いでやってしまうのだ。

こういう不機嫌な態度が戦略的にとれるようになれれば、たいしたものである。

カリフォルニア大学バークレー校のエドゥアルド・アンドレード准教授が、大学生に賞品を2人でわけあうというゲームをやらせたことがある。相手役は、いつでもサクラ。そして、サクラは、半分の条件には、不機嫌で、苛立っているように振る舞い、残りの半分の人に対しては、笑顔で接したのである。

すると、サクラが不機嫌なときには、本当の被験者は、賞品のわけあいに関して公平な提案を申し出てきたという。

逆に、**サクラが笑顔をふりまいていると、相手は自分に都合のいい不公平な提案ばかり**を申し出てきたそうである。笑顔でいると、「こいつは与しやすい」と思われ、あなどられることが、この実験で明らかにされたと言えよう。

どのようなビジネス書にも、「不機嫌でいたほうがいい」などと書いてあるものは見つからない。

しかし、不機嫌さは百害あって一利なしのようなものではなく、ほんのちょっぴりは役に立つのである。少なくとも一利はあることを、アンドレード准教授のデータは示している。

「内藤誼人も言っていることだし、たまには、仏頂面でもしてみるかな?」

読者のみなさんに、そんなふうに考えてもらえれば幸いだ。

１００円のものは１０００円で売るべし

日本人の交渉ベタは世界的に有名だが、それは日本人が正直すぎるからである。たとえば、１００円の商品があるとして、エジプト人やアラブ人なら平気で10倍、20倍の値段をつけて吹っかけるのに、紳士的な日本人は１００円の商品を１００円で売ろうとしてしまうのだ。これでは交渉になるわけがない。

交渉では、「もっとまけろ、もっとまけろ」と相手に求められるに決まっているのであって、１００円のものを１００円で売ろうとしている日本人には、交渉の余地など残されていないのである。値引きなどできないからだ。

どんな注文でもそうだが、**相手に恩義を売りつける**ためには、いくらか条件を下げてみせる必要があるわけで、最初からそれを織り込んでおくことが賢い頭の使い方であろう。つまりは、最初の条件を提示するときに、「思いきり、吹っかけろ」というわけである。

価格、個数、期間、人員など、どんなことでも交渉するときには、自分でも思っている以上に吹っかけるのがポイントだ。

「3人のスタッフを増員してくれ」と上司に頼みたいなら、「最低でも、7人以上は増やしてくれ」と頼むべきである。

おそらく上司は、「それはムリだ」とかなんとか断ってくるであろうから、「それでは5人」「いや、2人」「それなら3人!」というかけあいを通して、最終的には、本来の望みである3人の増員がかなえられるのである。

北アリゾナ大学経営管理学科のC・L・ドノホ教授は、CDプレーヤーをお客に勧めるとき、最初に499ドルの高価なものを勧めたほうが、199ドルの低価格のものを勧めるときよりも、結果として、299ドルや、399ドルなどの、高いCDプレーヤーを買ってもらうのに成功することを突き止めている。吹っかければ、高いものを買ってもらえるのである。

「ダメでもともとでも、一応は吹っかけてみるずうずうしさ」

日本人に足りないのは、まさにこの能力なのである。

おそらく、多くの日本人には生理的に嫌がられる作戦かもしれないが、交渉をうまくやるためには、どうしても必要なスキルであることを認識し、ぜひともその力を磨いておこう。これはウソつき力なのではなく、交渉力なのだ、と自分に信じ込ませよう。

「よくもまぁ、俺の口は、ぬけぬけとこんな条件を言えるものだ……」

と自分でもあきれてしまうようになったとき、あなたは交渉人として一皮むけたような成長を体感できるはずである。

なお、吹っかけるときには、余計なことは頭の中からすべてとっぱらっておいたほうがいい。**現実味がどうとか、そういうことを考えていると小さな吹っかけしかできなくなる**からである。

根拠などどうでもいいから、とにかく思いきり吹っかけることがポイントなのであって、それ以外のポイントなどはないのである。

「最適な条件で、吹っかけるには……」などと計算を働かせようとすると、かえって出てくる言葉がウソくさくなるので、やめたほうがいい。2倍でも、5倍でも、10倍でも、20倍でも、とにかく自分の好きなだけ吹っかければよい。

まれな場合にしか、やさしくしない

いつでも他人にやさしくしてはいけない。なぜかといえば、親切を受ける相手は、あなたの**やさしさを当たり前のものとして考える**ようになり、せっかくやさしくしてあげてもたいして感謝されないからである。

しかも、そんな相手にかぎって、たまにやさしくするのを忘れたりすると、激しい怒りを見せたりするのである。

つまり、やさしくしても感謝されないばかりか、やさしくしないと怒られるという、まことに困った状況に置かれてしまうのである。

「人にはやさしくしなさい。そうすれば、相手もあなたに親切にしてくれます」などという妄言を信じてはいけない。

やさしくしても、必ず相手から親切がかえってくる保証などは、どこにもないからである。善人の言うことは、耳にはやさしいが、その反対のほうが現実には正しい。

日本は、世界中にODA（政府開発援助）をバラまいているが、一番多くODAをもらってきたのが中国である。もし善人の言うことが正しいなら、中国が一番日本に感謝してくれるはずだが、あいかわらず日本に文句を言ってくるし、日本にとっての軍事的な脅威にもなっている。

本当は、人にやさしくしないほうがいいのである。

たまに、**思いついたときにだけ、親切にしてやれば十分**なのである。

ミシガン州立大学のA・エルーアライイリ博士によれば、厳しい上司のほうが、やさしい上司よりも、やさしくしてあげたときに部下が恩義を感じやすくなるそうである。

部下は、厳しい上司からは、やさしくされるとは期待していない。だからこそ、やさしくされると嬉しいのである。

人にやさしい顔をしていると、やさしさでしか勝負できない人間になってしまう。その点、**怖がられる存在の人は、怖さでも勝負できる**し、ごくたまにはやさしさでも勝負できるという有利な立場にたてるのである。武器はたくさん持っていたほうが有利なのであって、「武器なき人格者は滅びる」と、マキャベリも指摘しているとおりである。

本田宗一郎さんは、気に入らないことがあると、すぐに相手をぶん殴るような怖いところがあったが、たまにホメたりもするので、それが部下の技術者たちにはたまらない魅力と映ったそうだ。

怖いからといって敬愛されないのかといえば、そんなことはない。どんなに怖い人物でも、いつでも怖い顔をしていられるはずがなく、たまにはやさしい顔を見せることもできる。そういうギャップが他の人には魅力的に映るのであり、敬愛もされるのである。

普段はツンツンしていて冷たいのに、時折、男性を甘やかせてあげる女性のことを「ツンデレ」というそうだが、そういう女性は男性によくモテるらしい。

なるほど、心理学的にいっても、それはたしかにそうであろう。

やさしくするばかりが能ではない。

むしろ、頭を働かせながら、計算してやさしくしたほうがいいのである。

怖い顔をしていれば、人はおとなしく従ってくれる

「ダルカチと60人のモンゴル人」という言葉がある。

ダルカチとは、知事とか総督という意味である。世界最大の領土を征服したチンギス・ハンの軍勢は、１つの州なり都市を支配しても、ダルカチ１人と、親衛隊をわずか60人しか置かないことにしていた。

これが「ダルカチと60人のモンゴル人」の原則である。

「あれ、ずいぶん少ないんだな……」と思われる読者がいるかもしれない。なにしろ、モンゴル軍が征服した地域には、サマルカンドやボハラといった、当時でさえ人口１００万を超える都市が含まれているのだから。

いくらモンゴル人が屈強とはいえ、ひとたび反乱が起きればひとたまりもな

い。しかし、反乱はまったく起きなかった。被征服地の人たちは、みな**羊のように従順**だったのだ。これはなぜだろうか。

その理由は単純で、もしダルカチや60人のモンゴル人のうちの、だれか1人でも殺されたならば、日を置かずしてモンゴル高原から何十万という精鋭騎馬隊が、その町に生きている人すべてを皆殺しにするからである。これは怖い。

事実、チンギス・ハンは、反乱によって自分の腹心が殺されるようなことがあれば、絶対に許さずに、大量報復を行っている。典型的な例が、現在のアフガニスタンにあるゴルゴラの大量殺戮《さつりく》である。

このときチンギス・ハンは、「生きとし生けるものすべてを3日以内に皆殺せ」と命令したのだが、3日後に視察したとき、1匹のネズミが走っているのを見て、「まだ生きものが残っているではないか」と烈火のごとく怒り、司令官の首をはねたとさえ言われている。

モンゴル人の支配は、万事がこのようであるから、被征服者たちも怯えて、とても反乱を起こすことなどできなかったのである。

賢明な読者には、**怖い存在に対しては、人はおとなしく従う**のだ、というルールがおわかりいただけると思う。やさしい顔をするより、怖い顔をしているほうが、相手を動かすのにてっとり早い方法なのである。

ジャマイカで1974年4月1日から、とても厳しい銃規制の法律が施行されたことがある。銃の所有の禁止はおろか、テレビや映画でも銃シーンの検閲などが含まれるという、まことに厳しい規制である。

その1年後、厳しい法律が、どんな結果をもたらしたのかに興味を持った心理学者がいた。イリノイ大学のエドワード・ディーナー博士である。

博士は、ジャマイカの犯罪統計をもとにして、法律の施行前と、施行後の変化を調べてみた。すると殺人件数は、前年より14%減、レイプ件数が32%減、強盗が25%減などと、犯罪がずいぶん減ったことが確認できたという。単純に、厳しくすれば、人はおとなしく従うことをこのデータは示している。

人にナメられるのが嫌なのであれば、怖がられる存在になればよい。自分が決めたルールは絶対に遵守させ、守らないヤツがいるときには絶対に許さない、という断固とした態度をとっていれば、人は従ってくれるのである。

援助を受け入れると、あなたは「弱者」になる

人から援助されることほど惨《みじ》めなことはない。自尊心を傷つけるからである。お金に困っていても、あえて生活保護を受けない人がいると聞く。生活保護を受けて、惨めな気分にさせられるよりは、むしろ餓死して自分の名誉を守ったほうがいい、と考える人がいるらしい。

私も、人から手助けされるのが好きではないので、この気持ちがよくわかる。**他人の世話になるのは、本当は、恥ずかしいこと**なのである。私にとって、他人の力に頼って生きるのは、奴隷と同じなのである。

福沢諭吉《ふくざわゆきち》は、「独立自尊」という言葉で、それをうまく表現している。自分1人で立っていられるからこそ、自尊の感情が生まれてくるのだ、と。

もし、だれかに援助をされそうになったら、「ありがとう。でも大丈夫、1人でやれるから」と胸を張って答えたい。

もし、相手の援助を受け入れてしまったら、自分が「弱者」という烙印を押されたも同然になる。それでは、相手に対して強く出ることはできなくなる。

それにまた、援助されることは、自分にとっての自尊心をひどく傷つけることも覚えておいたほうがいい。

カリフォルニア大学のシェリー・タイラー博士によると、ヨーロッパ系のアメリカ人にくらべて、アジア人は、他人からの手助けを嫌がるらしい。

その理由は、援助を受けると、自分が惨めになるからである。自尊心にトゲを刺されながら援助を受けるくらいなら、むしろ援助を受けないほうが気がラクだ、とタイラー博士は分析している。

英国のヴァージン・グループの創始者リチャード・ブランソンも、「援助を頼むな」とアドバイスしている。

人にモノを頼んだりしていると、どんどん卑屈な人間になってしまう。いったんそうなると、もはや卑屈な人間から抜け出せなくなってしまう。できるかぎり、自分1人の力で何とかする、という気概を持たなければダメなのだ。

助けを求めてもいいのは、子どもだけである。

しかし、20歳をすぎた大人が、いつまでも他人に助けを求める姿というのは、まことに情けない。「助けてください」というのは、弱者の叫びなのであって、強者ならそもそもそういう頼みをしないはずである。

不思議なもので、「他人の助けなど、借りるか！」と強がっていると、自信までついてくるものである。

学校の勉強でもそうで、先生から何でも教えてもらっているだけでは自信など持ちようがないが、自分なりに本を読んだりして調べて、うまく問題が解けたりすると、「だれにも手伝ってもらわずに、自分1人でできた！」という自信が生まれるのである。

もちろん、自分ではできないことは、他人に手伝ってもらってもかまわない。しかし、**自分でできることは、自分で**やってしまおう。

Column 2

相手の反論をうまく封じ込める方法

何らかの主張をするときには、あらかじめ相手の反論を封じておく、という方法がある。この方法は、無意味な議論に巻き込まれないための、賢い作戦である。議論が苦手であるとか、議論しても勝てそうもないときには、とりわけ有益なテクニックである。

議論で相手に言い負かされるのは、とてもかっこ悪いから、そもそも相手に反論などさせないほうがいいのだ。

では、どうやって相手の反論を封じるのかといえば、相手に〝**反論の権利**〟**を与えない**というやり方が一番であろう。

たとえば、子どもが議論を吹っかけてきたときには、「**大人になったら言ってくれ**」と答えればいい。これで議論は完全にストップする。

あるいは、男性に向かって、「あなたは女性ではないから、そう言うのよ。女性だったら、ちがう意見を持ったはずよ」と言えば、男性は口をつぐまざるを得ない。なにしろ、自分は男性なのであって、女性ではないからである。

さらに、お金持ちに向かっては、「貧乏生活をしてから言ってもらいたい」と言えば、お金持ちは何も反論できなくなるし、若い人に向かっては、「40歳を過ぎてから、モノを言ってもらいたい」と言えば、相手もそれ以上、反論のしようがなくなる。

これらの例でおわかりになると思うが、相手に反論する権利を与えないやり方は、少々汚い手ではあるけれども、非常に便利だ。

本当はこういうやり方はしたくないと思われるかもしれないが、議論をして負けるよりは、絶対によい。議論に負けて、惨めな醜態《しゅうたい》をさらすくらいなら、そもそも議論などできないように、相手の手足を縛っておいたほうがいいのだ。

オハイオ州立大学のデレック・ルッカー博士は、相手の反論を封じこめておけば、相手はあなたにうなずかざるを得ない、と指摘している。相手の反論を奪ってしまえば、相手はあなたの言い分をのまざるを得なくなるからだ。

相手の話を真摯《しんし》に聞き、きちんと議論をしてもいいのかもしれないが、ひょっとすると相手に言い負かされるかもしれないし、そんな醜態はさらしたくないのであれば、そもそも議論をしないのが一番だ。

私も、自分の息子から、「どうして学校に通わなきゃいけないの?」とか「どうして8時に眠らなきゃいけないの?」などと議論を吹っかけられたときには、「お前が子どもだからだ」の一言でやっつけるようにしている。

ヘタな議論をして、子どもに言い負かされでもしたら、大変である。親として恥ずかしいし、情けないし、メンツも立たない。

息子は、ぶつぶつと文句を言っているが、それにとりあうこともなく、私はそっぽを向いている。そのうち息子も観念するのか、納得して言うことを聞いてくれる。

「議論から逃げちゃダメなんだ。議論をすることで、自分が磨かれていくんだ!」

という考えをお持ちの読者もいると思う。それはそれでひとつの見識であって、決して否定はしないが、議論に負けるとひどくかっこ悪いですよ、ということだけは最後に念を押しておきたいと思う。

第3章

「物怖じしない人」の秘密

宴会では「お誕生日席」を選べ！

遠慮せず、「目立つ場所」に席をとる

宴会でも、会議でもそうなのだが、自分が座るべき席についても工夫したい。もし「席なんて、どこも一緒」だと考えているのなら、それは早合点というものである。どの席に座るのかによって、周囲の人に与える心理的な影響は違ってくるからだ。

結論からいってしまうと、**あなたが座るべき席は一番目立つ席**であるべきである。一般に、〝お誕生日席〟と呼ばれるような、そういう目立つ席を好んで座るようにしよう。大勢の人がいるときには、偉い人が上座《かみざ》に座るので、さすがにその場合には、上座を譲らなければならない。

しかし、かりに下座《しもざ》だとしても、とりあえず大勢の人から注目されるような、

●座席図

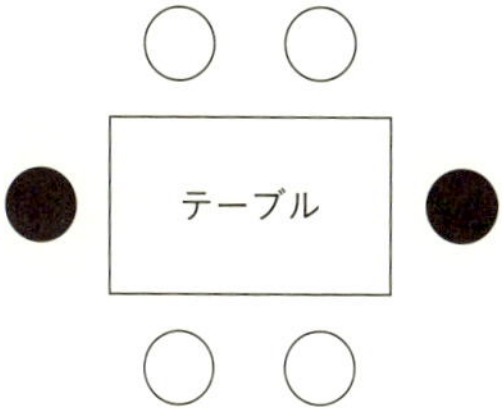

真ん中の下座に陣取るようにしたい。こうやって、「**顔を売っておく**」**ことが、じわじわとあなたの評価を高める**のに役立つからだ。

こんな実験がある。ネバダ大学のダニエル・ジャクソン博士が、241名の大学生に対して、パソコンの画面上で、上のような配置のテーブルに座っている人たちを見せた。

そして、「あなたは、どこに座っている人がリーダーとしてふさわしいですか？」と質問してみたのである。すると、70・5％の人が、両端に座っている人（次の図の黒丸に座っている人）を、リーダーとしてふさわしいとして選んだというのである。

なお、この配置の効果については、**座っている**

●座席図

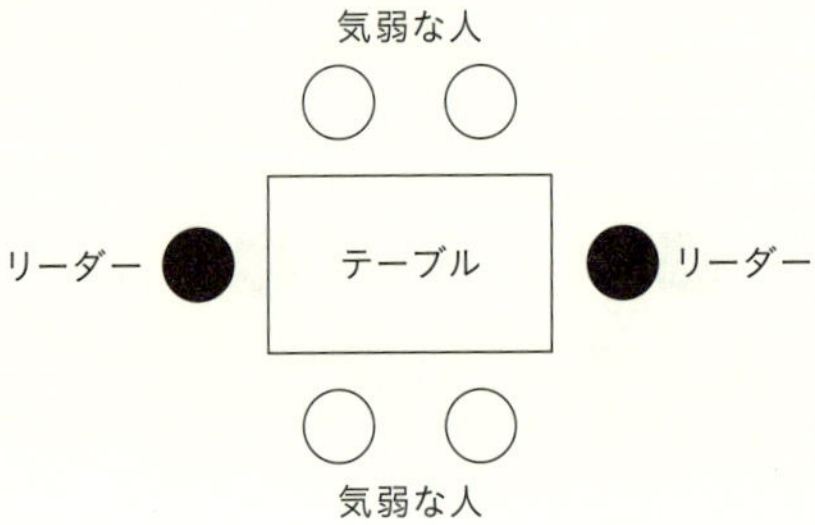

人の性別には関係がなかったという。つまり、黒丸のところに座っていれば、それが男性であれ、女性であれ、「リーダーっぽく見える」ということが明らかにされたのである。

遠慮して、下座の、しかもだれも見てくれないような中途半端な場所に座っていたら、あなたの存在感をアピールすることは難しい。できれば堂々と上座に座るべきであるし、それがムリだとしても、「一番目立つのはどこか?」という判断を瞬時に働かせ、その席をキープしたいものである。

気弱な人は、**なるべく目立たない席**を好んで座るようであるが、そういうことをしているから、**ますます気弱になっていく**のである。

「日蔭者」という表現は、いまだに成功していない人間のことを指すのだが、光の当たらない場所にいるから日蔭者になってしまうのであって、日蔭者になりたくないのなら、なるべく光の当たる場所にいたほうがいいのだ。

大勢の人の視線が集中的に降り注ぐ場所にいるのは、たしかにストレスが溜まる。しかし、他人に自分の姿を見てもらえなければ、存在感のアピールはできない。

みなさんには、「縁の下の力持ち」などではなく、ぜひきちんとスポットライトの当たる檜《ひのき》舞台の真ん中に立ってもらいたい。

そうやって自分のことを積極的に売り込んでいくことが、自分の存在をブランドにするためには必要である。

30歳になる前に、「一流の雰囲気」に慣れておく

食事をするときにも、お酒を飲むときにも、何か月かに1度くらいは、敷居が高そうなお店に行くことも、決してお金のムダにならない。というよりも、なんとか費用をやりくりしてでも、ぜひ通うクセをつけておきたい。

なぜかといえば、一流のお店で飲んだり食べたりしているだけでも、「俺って、一流の人間なんだな」という自信を強めることができるからである。

そういう自信は、自分では気がつかないかもしれないが、目に見えぬオーラというか、雰囲気となって、**身体からにじみ出てくる**ものなのだ。

安い居酒屋でしかお酒を飲んだことのないビジネスマンは、会社帰りにホテ

ルのラウンジで、ピアノの演奏を楽しみながらグラスを傾けているビジネスマンに、心理的に頭が上がらなくなる。

なぜそうなってしまうのかを言葉で説明するのは難しいが、とにかく「**人間としての格が違ってくる**」からである。

地方の、あるファッション関係のカタログ通販会社では、社員を出張させるとき、新入社員であっても、必ず出張先の一流ホテルに宿泊させるという。1回の出張費は、当然のごとくハネ上がってしまうが、そういう場所に出入りさせることで一流のファッション感覚を身につけさせるという狙いがあるのだ。

「食べ物なんて、安くてもいいんだよ。お腹に入れれば、なんだって一緒さ」

「ホテルなんて、眠ることができればいいんだよ。どこも一緒さ」

私は、根っからの貧乏性のために、以前はそう考えていた。

しかし、最近は少しだけ考えを改めている。

というのも、安いお店にしか行ったことのない私にとっては、一流のホテルで人に会ったり、お洒落《しゃれ》な場所で打ち合わせをしたりすると、それだけで腰が引けたり、**気おくれしてしまうことが自分の弱点として認識されてきた**からである。

雰囲気にのまれて、気おくれしたり、ひるんだりしていると、肝心の仕事の内容が頭に入ってこない。そのため、〝場慣れ〟するという意味もこめて、最近では、イヤイヤながらも、自分のお金を貯金しては、高いホテルに宿泊したり、高いお店で食事をしたりしている。

こういうトレーニングは、できれば若いうちからやっておきたい。若いうちのほうが、場慣れするのも早いからである。

米国の国立加齢研究所のアントニオ・テラチャーノ博士によれば、人間の基本的な心構えや性格というものは、年齢が30歳を超えると安定してしまって、変わりにくくなるという。場慣れするのも同じで、早いうちのほうがいいのである。

ヨーロッパの貴族や財界人なども、子どもを早いうちから社交界デビューさせるが、それも一流の雰囲気に慣れさせておくための作戦なのであろう。

慣れるのなら、早いうちに越したことはないからである。

骨董品《こっとうひん》の目利きになりたいなら、若いうちから、とにかく一流の作品を見ることで、鑑識眼を養わなければならないといわれている。

安い作品ばかり見ていたら、鑑識眼も育たない。身銭を切りながら、一流の作品を買い求めないと骨董品の鑑定士として大成できないというが、ビジネスマンも同じく、早い時期から一流に慣れておく必要があるだろう。

オーバー・アクションで、「強気な自分」を引き出す法

テニスの選手は、試合の流れを自分のほうに持っていくために、得点をとるたびにオーバーなガッツポーズをする。バレーの選手は、ポイントをとるたびに、お互いにハイタッチしたり、陣地内をくるくると走りまわったりする。

なぜ、あんなに派手なことをしているのかといえば、**自分を奮い立たせるため**、あるいは自分を強く見せるため、あるいは**敵を萎縮《いしゅく》させるため**である。オーバーな動きのあるアクションで、強い自分を演出しているのである。

動物の世界では、ライバルを追っ払うために、オーバーなアクションを利用する。歯をむき出しにして気勢をあげたり、手足や羽などを大きく動かして、

ライバルを牽制《けんせい》するのである。スポーツ選手がやっていることは、基本的には、それらの行動と同じだ。

心理的に萎縮しそうなときには、オーバーなアクションを心がけるとよい。オーバーなアクションをしていると、身体を大きく見せることができ、それによって相手を怯《ひる》ませることも可能だ。それにまた、オーバー・アクションをとっていると、自分が強くなったようにも思えてくるのである。

米国の心理学者ウィリアム・ジェームズの、よく知られた法則に、「悲しいから泣くのではなく、泣くから悲しくなるのだ」というものがある。私たちの心理は、自分がとっている行動に影響されているので、メソメソと泣いていると、たとえ悲しくなくとも、悲しい気分になってきてしまう。

この法則にしたがえば、強そうに見えるアクションをとっていると、強気な気分になれるというわけである。

講演やセミナーをするとき、演台に立ったままで、ほとんど身体を動かさずに話をすると、よほど内容の濃い話をしないと、参加者はあきれてそっぽを向いてしまう。しかし、壇上を右へ左へいったりきたりし、しかも大げさな身ぶりを加えて話をすれば、参加者は演者の顔に注目し、熱心に話を聞いてくれるのだ。人間は、大きな動きに目を引きつけられるからである。

人と話をするときにも、手を動かしたり、上半身をゆすったりといった、オーバーなアクションをとるようにしよう。身体を動かしていれば、人と会うときの緊張もほぐれるし、何より**自分の気持ちが強気な方向にむかってゆく**ことがわかるだろう。

困難な商談に向かう朝などには、テニス選手顔負けの大声で、「よしっ！」と大きな掛け声をあげ、ガッツポーズのひとつもやってから出勤しよう。

ガッツポーズというのは、成功したときにするものだと思われているが、べつに成功する前にやっていけないという法はない。ガッツポーズをとっていると、やる気も湧いてくるはずだし、「これからやってやろう！」という前向きな姿勢を生みだすのにつながるのである。

チームでの交渉やチーム・プロジェクトを遂行するときには、〝円陣を組む〟のもいいだろう。野球選手が試合前に円陣を組んで、「エイエイオー！」と大声を出しているが、あれをやるのである。やはり勇気が湧いてくるはずだ。

オーバーなアクションが恥ずかしいなどと言っているようでは、すでに心理的に萎縮しているのだと思って間違いはない。大声を出してガッツポーズし、相手にのまれないようにしよう。

主導権をとりたいなら「話しかける」のは自分から

人間関係での**主導権をとる簡単なコツ**をお教えしよう。

それは、他人から話しかけられるのを待つのではなく、自分から話しかけることである。

相手からの話を「受け」るのではなく、自分から「攻め」るのである。

たったそれだけのことで、あなたの立場は、驚くほど高くなるであろう。

堂々と振る舞いたいなら、決して主導権を譲ってはいけないのだ。

ウェイン州立大学のグレン・ワイズフェルド教授が、ある私立高校の男子の会話を分析し、それぞれの立場を明らかにするという実験を行ったことがある。

たとえば、AさんがBさんに話しかけ、BさんからはAさんに対して何も言わないときには、AさんがBさんよりも上位にくる、というようにして男子生徒の序列をつけてみたのだ。すると、言葉かけのうちの80%以上もが、「上位↓下位」と流れていることがわかったのである。会話の流れは、上から下へ、という方向に流れるものらしい。

自分から話しかけないと、地位というか、立場というか、パワーというか、とにかく自分の**相手に対する影響力が弱まってしまう**ことが、この実験からもわかる。

ビジネス書などを読むと、「相手の話をきちんと聞きましょう。あなたが発言するのは、その後なのです」などと書かれているが、まさに噴飯《ふんぱん》モノ。そんなことをしていたら、相手に会話の主導権を奪われ、立場が弱くなって、言いなりにされるに決まっている。

たしかに相手の話に耳を傾けることも大切だと思う。

特に若いうちは、人の話をきちんと聞くことは、大事なことである。

しかし、ある程度の年齢に達したら、話しかけられるのを待つのではなく、自分から話しかけるということを積極的にやっていきたい。

さらにひとつ付言すれば、いきなり相手に話しかけられたとしても、すぐに会話の主導権を奪い返すくらいの気概をもったほうがいい。たとえ相手の地位が上だろうが、役職が上だろうが、そんなことはおかまいなしに、だれを相手にするときにでも自分のほうがたくさん話す、というルールを決めておくのだ。

たとえば、会社の廊下を歩いているとき、

「西村くん、ちょっといいかな?」

と上司に呼び止められたとしたら、「はい」とだけ返事をするのではなく、

「ああ、課長。実は、僕のほうからもお話があったんですよ。ちょうどよかった。実は、来週の部内会議で取り上げてほしい議題のひとつなのですが……」

と、**自分のほうが会話を独占してしまう**のである。

こうやって会話の主導権を奪い返されると、上司は残業などの、つまらない頼みごとができなくなる。もちろん、それを封じるために会話の主導権を握っておくわけであるが。

残業してほしいとか、コピーをとってほしいとか、データの入力をしてほしいとか、面倒くさそうな頼みごとをされそうな気配を察したときには、「僕のほうからもお話があるんですけど……」と、早々に会話の主導権を奪い返しておくとよい。

そのほうが、相手の勢いに押されて、しぶしぶ引き受けざるを得ないという状況に追い込まれることが少なくなるだろう。会話の主導権を握っておきさえすれば、断ることも難しくないはずだ。

ときには「非常識な質問」や反対意見を

人と会話をするときには、なるべく常識から外れた、異論や反論を述べるようにしたい。会議においては、どんな意見にも噛みついていくような、そういう人間でなければ、だれも言うことなど聞いてくれなくなる。

だれかが意見を述べたとき、「ご高説ごもっとも」と語るだけのイエスマンでは、存在感を示すことなどできない。たとえ相手の意見に賛成であっても、渋い顔を見せながら、「本当にその考えは正しいのかな……」とつぶやいて、**反対していることをにおわせる**ことくらいはするべきなのだ。

ピッツバーグ大学のジョン・レビン博士が、４人グループで話し合いをさせ、話し合いが終わったところで、その話し合いに参加したメンバー同士の印象を尋ね合う、という実験をしたことがある。

なお、4人グループの中には、サクラの人間が混じっていて、あるときには被験者の意見に賛成ばかりする「イエスマン」を演じ、また別のときには、片っぱしから反対するという役柄を演じたのである。

すると、サクラが**反対者の役割を演じるときほど**、実際の参加者たちからは、「**強い人間**」という評価を得られることがわかった。だれの意見にも積極的に噛みついてゆける人間は、剛直で、強気な人だと思ってもらえるといえよう。

この実験では、たしかに「魅力」という点に関していえば、サクラがイエスマンを演じたときのほうが、高い点数を得ることができた。人に好かれたいなら、イエスマンになりきる作戦でもよいのかもしれない。

しかし、本書で目指すところは、だれにもナメられないような人間になることである。だとしたら、他人の意見に噛みついてゆくという反対者をあえて演じなければならないということになる。

反対意見をいう↓強気な人にみえる

なお、どうしても相手に対して反論することに抵抗があるのなら、いじわるな質問をぶつけていくことで「私は、反対なんだよ」ということを相手に悟らせる方法があることを覚えておくとよいだろう。

たとえば、「2、3、ご質問してもかまいませんか？」と質問し、そこで反論を展開するというやり方がある。

表面的には、「質問」という形式をとりながら、実際には、びしびし反論していくわけである。新聞記者が、政治家や不祥事を起こした企業家などをいじめる場合などに、このやり方を使っている。

表だって反論すると、相手が不機嫌になってしまうような人間なら、反論するのではなく、質問するだけにとどめておいたほうがいい場合もある。そんな場合にとても便利な方法である。

また、「おっしゃることには賛成なのですが、○○のようなケースにも、同じことが本当に当てはまりますかね？」などと、**口では賛成といいながら、実質的には反対する、**という離れ技もある。

これらの技法を使いながら、どんどん反論をしてほしい。

「口出し」すると、あなたの人間的価値が高まる理由

相手の言うことに、何でもイエスと答えてはいけない。相手の言い分をすべてのまされてしまうような、そういう奴隷のような人間になってはいけない。自分の価値を高めるためにも、重要な人間だと認めてもらうためにも、異を唱えることに怯えていてはいけないのである。

20代の頃、私には経験も何もなかったので、とりあえず編集者の言うことには、何でもホイホイと従っていた。「30ページくらい追加で書き足してくださいい」とか「これじゃダメなので、全部書き直してください」と言われれば、黙って注文通りにやってあげた。

しかし、そうしていると、**自分が大切にされるというよりは、むしろ便利屋**

に近いような対応を受けることに気がついた。

というわけで、30代になると、私は自分の意見も言うようになった。一応は、10年近くも作家としての修業を積んでいるので、少しくらい口を出してもいいだろう、と思うようになったのである。

不思議なもので、**口を出すようになればなるほど、嫌われるというよりは、むしろ編集者に信用されるようにもなった。**

勇気を出して異を唱えたほうが、かえって自分の身を守ることにもなるのである。永井荷風《ながいかふう》は、『冷笑』という著作の中で、「理想的幇間《ほうかん》は例えば議論をした処で、全体の論旨に於ては暗々裡《あんあんり》に賛同を表しながら、其の細説に於ては時として驚く程の反対を称えて見るようでなければならぬ」と述べている。

「幇間」とは、「たいこもち」のことであるが、ホンモノのたいこもちになりたいなら、決して相手の言い分を全部のむのではなく、ところどころでは反対するくらいでなければならないというのである。

何でもイエスと言っていたら、相手も張り合いがなくなってしまう。それにまた、自分に対しておべっかやお世辞を言っているだけなのだな、ということが見破られてしまう。だからこそ、うまく反対することも大切なのである。

神社のおみくじでも、大吉ばかり出てくるよりは、たまには吉や末吉が出てきたほうが、面白いのと似ている。

カリフォルニア大学のC・J・ネメス博士によると、反対をする人がいるほうが、かえって議論が盛り上がり、しかもいい意見が出てくるという結果が見られるそうだ。会議においても、全員が賛成するような案は、たいていロクでもないものばかりである。

たしかに、世の中には、他人から反対されることが絶対に許せない、というような狭量な心の持ち主もいるが、それはあくまで少数派である。大半の人は、あなたが反対しても、その話に耳を傾けてくれる善人である。

あなたが反対したからといって、すぐに嫌われるわけでもないのだから、堂々と反対してかまわない。というより、むしろ反対したほうが好かれたり、信頼されることであろう。

知識がなくとも、「知識がある」ように見せる技

教養がある人は、他人からあなどられることが少ない。そのため教養がある人と思われていたほうが、現実にはトクをすることがたくさんある。教養のメリットは、はかりしれないくらい大きいのである。

ところで、教養というものは、その人が有している知識に比例するものであって、知識が全然ないのでは、教養もないと思われてしまうのは当然である。本を1冊も読まずに、教養がある人のようにふるまうのは、やはり難しい。

だからといって、「やっぱり読書量を増やさなければならないのか……」とため息をもらす必要もない。

知識がなくとも、知識があるように見せかけることもできないわけではないからだ。

菊池寛《きくちかん》は、『藤十郎の恋』という作品の中で、「心得がのうても、心得のあるように真実に見せるのが、役者の芸じゃ」と書いているが、知識がなくとも、さも知識が溢れているように見せかけるのも、芸である。

では、どうやって知識をアピールするのか。

1つめのやり方は、**自分の体験談から知識を引き出す**のである。これなら、1冊も本を読まなくても、なんとかなる。

たとえば、職人たちは、自分の体験に裏打ちされた知識をたくさん持っている。道具の使い方、仕事の勘どころなど、職人ならではの知識や技術を身につけている。そういう現場で身につけた知識があることを示していれば、だれからもあなどられることはなくなる。

あるいは、趣味にもとづく体験などから知識を引き出してもかまわない。登山が趣味なら、普通の人にくらべて登山の知識が豊富であろうし、釣りが趣味なら、魚の習性などについての、知らぬ間に覚えた知識があるだろう。そういうものを、他人に語って聞かせれば、まったく教養がない人間とは思われない。

たとえば、私はガーデニングが趣味なので、

「サクラの花粉には、エフェドリンという成分が含まれているんですよ。エフェドリンというのは、幻覚症状などを引き起こしますから、サクラの花見に出かけて楽しくなってしまうのは、そのためなのかもしれませんね」

などの会話ができる。さらには「サクラは、咳止めの薬にも使われるんですよ」などという情報も披露できる。

そういう点で知識を開陳していると、他の分野の知識などさっぱりなかろうが、それなりに知的な人間だと評価してもらえるものなのだ。

もう1つの方法は、**他人から話を聞く**ことである。これによっても知識があるように見せかけることができる。

だれかから聞いた知識を、自分の知識にしてしまうのである。自分では読んだことがなくとも、「思想家のコンドルセによればね……」などと、さも自分が読んだ本から知識を得たように見せかけるやり方が、これに当たる。

物知りな友人と付き合っていると、自分でも知らぬ間にいろいろな知識が手に入る。そういう友だちを作っておくのもよいだろう。

さらにもう1つの方法は、テレビの教養番組から知識を仕入れることである。ドイツ南部バイエルン州にあるビュルツブルク大学のマルコ・エネモーサー教授によると、テレビで教養番組をよく見る子どもほど、知的に優れているそうである。

テレビもうまく使えば、情報の宝庫。

「本を読むのなんて、面倒くさい」という人は、テレビから知識を仕入れてもかまわない。

Column 3

定期的に運動しているなら、「それ」を語れ

もし本当に運動している習慣があるなら、それを会う人に語らなければならない。なぜなら、**運動していることを告げると、相手のあなたを見る目が変わってくる**からだ。

せっかく運動していても、それをアピールしなければ相手には伝わりにくい。服を着ていたりすると、あなたにどれくらいの筋肉がついているのかなど、相手にはわからないから、自分で話すしかないのだ。

がっしりとした体格の持ち主なら、わざわざ自分で吹聴しなくとも、相手のほうから、「何かスポーツでもやってらっしゃるんですか?」と尋ねられるだろうが、普通の体型だと、そんな質問をされることは、まずない。

したがって、自分からそういう話題を振ることによって、自分が鍛えている

ことを知らしめる必要があるわけである。

「こう見えても、毎朝、走り込んでいるんですよね」

「こう見えても、定期的にボクシングジムに通っているんですよね」

こんな具合に世間話を装って、さりげなく自分が運動をしていることを告げれば、相手は、「ほう」という顔をして、感心してくれるだろう。

カナダ南東部にあるアカディア大学のクリストファー・シールズ博士は、183名の大学生に、「アンドリュー」という男性のプロフィールを読ませた。

このプロフィールには、アンドリューの外見や趣味について述べられていたのだが、半分の学生に手渡したプロフィールには、「**週に4、5日は定期的に運動している。主にバスケとホッケーである**」という文章が挿入されていて、残りの半分の学生に手渡されたプロフィールには、その部分が「週に4、5日は、トランプをしたり、写真を撮ったりしている」と変更されていたのである。

それから、学生たちは、アンドリューに対する印象を尋ねられた。すると、アンドリューがスポーツマンであることがわかる文章が載せられているプロフィールを読まされたグループでは、アンドリューの「強さ」を、1・5倍以上も高く評価することがわかったのである。

運動をしていることは、他人にもわかるようにアピールしよう。

「へぇ、あなたって、スポーツをやっているんだ」

ということが理解してもらえれば、それなりに〝強い人〟だと思ってもらえるからである。

もちろん、定期的に運動しているとはいえ、「腕立て伏せ10回」などの、あまり自慢にもならないようなものなら、隠しておいたほうがいい。ジョギングなら、せめて4キロ以上の距離は必要で、「500メートルくらい走っているんだよ」では、かえって貧弱そうに思われてしまう。

また、運動しているといいながら、あまりにお腹がでっぷりしていたりすると、「本当に、運動なんかしているのかな?」と疑われかねないので、もし自分がそういう体型なら、多少は身体が引き締まってくるまで、人に語るのはやめたほうが無難かもしれない。

第4章

一流の人間は「サバ」を読む

人は「ナニ」に敬意を払うのか？

「肩書」にとにかく貪欲になる

読者のみなさんに質問である。

今、みなさんの目の前に、「中田さん」と「島村さん」という2人の人物がいて、それぞれの肩書が、「常務」と「平社員」だったとする。

だとすれば、みなさんが重みを感じるのはどちらなのか。

おそらく、多くの人は、「常務の中田さん」を偉い人だと思うであろう。

なぜなら、**肩書が上だから**である。

「肩書で人を判断してはいけません！」

とはよく言われるが、だからといって、そういう判断を止めることなど、人間にはできはしないのである。肩書が上なら、どうしたって威厳が高まるものなのである。

したがって、人から軽んじられたくないと願うのなら、頑張って出世し、肩書を手に入れるのが一番の近道だといえる。

そうすれば、**自分の発言にも重みを増すことができる**からだ。

人に軽んじられない近道＝出世すること

逆にいえば、どんなに立派なことを言おうが、平社員の言うことになど、だれも耳を傾けてくれないのである。理不尽だとは思うが、現実がそうなっているのだから、どうしようもない。

「ヘンに出世して、ノルマが厳しくなったり、責任が増えたりするのはイヤですよ。僕は、肩書なんていらないんです。出世なんてしたくないんです」

と言う人がいるかもしれないが、いつまでも下っ端の肩書しかないのでは、いつまでも自分がやりたいことなど、できない。

本当に自分がやりたいことをやるためには、それなりの地位にいなければならないのである。

カリフォルニア大学のデール・ロット博士によると、たとえ同じ人物でも、「この人は、スーザン・デビッドソン教授です」と地位を高く紹介しておくと、「この人は、スーザン・デビッドソンという大学生です」と紹介したときより、相手は多くの敬意を払ってくれたそうである。人間は、肩書によって、相手への対応を変えるのである。

出世をして肩書を得るということは、相手に敬意を払ってもらうための一番の方法であるといえる。

たしかに、出世をすれば、それに伴って責任も増え、いろいろと気苦労することは多くなるであろう。しかし、それなりの肩書がなければ、自分のやりたいビジネスは、いつまでもできるようにならない。日本は、肩書で動いている社会なのだから。1つでも2つでも、上の肩書を手に入れよう。

「地位が人を作る」という言葉もあるように、地位が上がってくると、それなりに風格が出てきて、だれもあなたのことを軽んじなくなるはずだ。

コネの「威光」を利用する

肩書や地位は、高いほうが有利なんだよ、だから出世しておくべきなんだよ、という話をした。

とは言いながら、今現在、自分の肩書が低いのなら、どうすればいいのか。この問題についても考えておかなければならない。

もし自分自身の肩書が低い場合には、**「自分に関係する人」の肩書や地位に頼る**という方法がある。いうなれば、〝虎の威を借るキツネ作戦〟である。

政治家は、この作戦を頻繁に使う。たとえ自分が新米の議員であろうが、親が大臣経験者であったとか、祖父が総理大臣だったということになれば、その威光を自分も利用することができるのだ。

芸能人のDAIGOなどは、本人の力量など、海のものとも山のものともしれないが（少なくとも私はわからない）、祖父が竹下登《たけしたのぼる》元首相であるというだけで、ずいぶんチヤホヤされているような印象を受ける。まことに羨《うらや》ましい。

「俺は、自分だけの力で勝負したいんだ。親の力なんて借りたくないんだ！」

「親類縁者のコネや威光に頼るなんて、恥ずべきことだ。自分は自分の力でやっていくぞ！」

そうやって鼻息を荒くするのもいいが、**自分に利用できる力は、何でも利用するの**が、この厳しい競争社会で勝ち抜くセオリー。

そのためには、親であろうが、祖父であろうが、叔父さんであろうが、利用できるものは、片っぱしから利用するという貪欲さを持ちたいものである。

こんな実験がある。

プリンストン大学のジョン・ダーリー博士が、ハンナという女の子が遊んでいるビデオを作り、それを70名の大学生に見せた。そして、ハンナについての社交性や、学校の成績などを推測させてみたのである。

なおダーリー博士は、ビデオを見せる前に、半分のグループには、ハンナについてのプロフィールとして、「彼女のお父さんは弁護士で、お母さんは作家です」と紹介しておいた。残りの半分のグループには、「彼女のお父さんは肉詰め作業員で、お母さんは自宅で縫物をしています」と伝えておいた。ようするに、両親の社会的な地位を変えて紹介してみたのである。

するとどうだろう。どちらのグループも、ハンナが遊んでいる同じビデオを見せられたはずなのに、両親の地位が高いと紹介された場合には、「ハンナは、とても社交的で、学校の成績も良いにちがいありません」と高く評価されたのだ。**明らかに両親の威光が影響していた**のである。

この実験からわかるとおり、本人の力量やら才能やら実力とは関係なく、両親の地位や肩書というものが、その本人の評価を高めてしまうのである。

もし自分の地位が低くとも、身近な縁者に1人くらいは、偉そうな肩書の人がいるはずである。血縁をどんどんたどっていけば、必ず、だれかしらいるはずだ。

三代前のおじいちゃんがどこかの省庁の長官だったとか、明治時代には大地主だったとか、偉い軍人だったとか……。

ともかくそうした威光を最大限に借りて、世間話などを装って相手にアピールすれば、たとえ現在の自分が非力であっても大丈夫である。

ちょっぴり情けない方法ではあるが、今の自分に肩書がないのなら、身近な縁者の肩書を拝借するしか、他に手はないと思われる。

明るいイメージを売るなら「朝に強い」ことを吹聴する

評価の高い人に共通しているのは、出社時間が早いということだ。社内のだれよりも早く出社していて、文句を言われる人は、まずいないであろう。だいたいみんなに陰口や悪口を言われる人は、就業時間ギリギリになって飛び込んできたり、平気で遅刻したりする人である。

人に悪く言われたり、つまらないところで足を引っ張られたくないのなら、早く出社すればよい。一番に来ていて、黙々と仕事をやっていれば、だれもあなたに文句など言わなくなる。

それにまた、**朝に強い人は、みなエネルギッシュに見える。**元気とバイタリティが溢れているように見える。

おそらくは、朝日のイメージと、その人の姿が重なりあうからであろう。夜に頑張って仕事をしている人は、どんなに頑張っていても、朝に頑張っている人にくらべると、どことなく陰気な感じがしてしまう。それは夜のイメージである、暗さや冷たさなどの影響を受けてしまうからであろう。

朝に強い人……エネルギッシュなイメージ
夜に強い人……どことなく陰気

キャバクラの女の子が、どんなに明るくふるまっても、どこかしら陰を感じさせるのは、夜のイメージと重なるからである。逆に、朝の早い農家や漁師の人たちは、たとえ無口で何もしゃべらなくとも、どこか明るくて、人の良さそうなイメージを振りまく。

明るく元気なイメージを売りたいなら朝に強い人間であることを示せばよい。

たとえ出社時間がわりと自由であっても、午後に出勤してきて、夜遅くに仕事をするのはいただけない。そういう人は、どこか疲れて見えてしまうからである。できれば午前中の朝早くから、はりきって仕事をしている姿を見せたい。

ミシガン大学のバーバラ・ワッツ博士が、308名の大学生を、起床時間や就寝時間から朝型、夜型にわけて比較したところ、朝型の人のほうが、リーダーシップ能力が高く、物事に対して積極的に達成しようという意欲も高いことが判明した。さらに、朝型の人は、時間のムダを嫌うこともわかった。

彼らは、キビキビしていたのである。

ちなみに、オーストラリアで行われた調査によっても、朝型と夜型を比較すると、朝型の人のほうが仕事も学業でも、成績が良いという結果が得られている。朝型のほうが、いろいろな点で有利だといえよう。

「僕は、朝4時に起きるんですよ。それから本を読んだり、仕事をしたりして、7時に家族と一緒に朝食をとります。それから出社しますね」

こんな感じで、朝に強いことを、世間話の中などにうまく盛り込むようにすれば、あなたの評価はぐんとアップする。

朝に強いかどうかなど、どうせ相手にはわからないのだから、ウソをついてもかまわない。もちろん、本当に朝に強い人間になったほうがいいのだが、それがムリならウソをつこう。

ここだけの話であるが、私は、夜型である。

以前にくらべればずいぶん早起きになったつもりだが、それでも午前中の9時、10時まで寝ていることが多い。しかも、午後にはお昼寝をしたりする。私は、1日に10時間以上も寝ないと、どうも調子が出ないのである。

だが、それはだれにも秘密にしている。

精気とエネルギーに溢れている心理学者だというイメージをアピールするため、「朝は早いですよ。目ざまし時計もいりません。ちゃんと起きられるんです」などと、朝型人間だというウソをついている。

このウソで得をしたことはあっても、損をしたことはない。もしみなさんが夜型なら、私と同じようなウソをついたほうが高い評価をしてもらえるはずだ。

2、3歳、年上に見られるように、年齢で「サバ」を読む

漫画の神様・手塚治虫《てづかおさむ》さんが、若いうちには、昭和生まれだったにもかかわらず、大正生まれだと言っていたのは、有名な話である。

なぜ、手塚さんは、そんなウソをついていたのか。

年齢が若く見られると、それだけナメられてしまうからだ。さすがに漫画界の大御所として崇められるようになってからはウソをつく必要もなくなったが、「年が若い」というのは、それだけでその存在を軽視されがちなのである。

今でこそ、10代で作家デビューだとか、10代で芸能界デビューといったことがチヤホヤされることもあるけれども、基本的な戦略としては、年上に見られたほうが、はるかにトクをする。これは間違いない。

日本を含め、韓国や中国などの儒教の影響が強かった社会においては、「お年寄り」というだけで尊敬される傾向がある。儒教の影響が薄れた現在でも、こうした文化は今でも生きている。ただ単に年上というだけで、相手は頭を下げてくれるのである。

組織が実力主義になったとか、年功序列制度が崩れた、などといわれて久しいが、「年配者を敬う」という当たり前のことは、依然として残っている。

ごく普通の会社であれば、たとえ若い人が上司になっても、部下が自分の父親ほど年上の年配者なら、その上司は敬語を使って話しかけるものである。

私などは、ありがたいことに昔から〝老《ふ》け顔〟であった。20代のうちから、30代の半ばくらいに見られていた、といえば、どれくらいの老け顔かは予想できるだろう。

かつては自分の老け顔を呪《のろ》ったものだが、最近は、かえってよかったな、とさえ思っている。老け顔に生んでくれた両親に感謝もしている（これは本当である）。

ハーバード大学のアビゲイル・マーシュ博士の実験によると、同じような無表情をしていても、子どもっぽいベイビーフェイスの人は、オドオドしていると評価され、成熟して大人びて見える顔の人は、怒っているとか、強そうだと見られやすかったそうである。老け顔でいれば、ナメられにくいといえる。

少しでも年齢が上に見られよう。そうすれば、相手が年下ならあえてケンカを売ってくることもなくなる。

とはいえ、まだ20代なのに、50歳であるなどというウソをついてもバレるに決まっているから、2、3歳、あるいは4、5歳くらい年齢でサバを読むくらいが妥当だと思われる。

もし髪に白いものが混じっていたり、顔のシワが多かったりするのであれば、もう少し上の年齢を言ってもかまわないが、明らかなウソを言うべきではない。

なお、自分の年齢でサバを読むためには、何人かの人に、「俺って、何歳くらいに見える?」と質問してみるとよい。その平均をとれば、だいたいどれくらいのウソを言っても大丈夫なのかの判断ができるからだ。

かりに実年齢が33歳だったとして、多くの人にヒアリングしたところ、「38歳くらいに見える」と結果が返ってきたというのであれば、人に公言するときには「私は38歳です」と答えればよいことになる。

もし若造扱いされて困っているのなら、年齢で「サバ」を読もう。

トウのたった女性は、自分の年齢を低い方向にごまかすというが、みなさんは逆に、年上に見える方向でサバを読むのである。

取引先に「若さのアピール」はむしろマイナス

人間としての重みを感じさせたいなら、なるべく年上に見られることが大切である。白髪がまじっていたり、顔にシワがあったりする、いわゆる〝**老け顔**〟**の人ほど、まわりから軽んじられることが少ない**のは、それだけ成熟した大人として認知されるからである。

米国ブランダイス大学のレスリー・ゼブロウィッツ博士は、９０００名以上の大学生の卒業アルバムから、顔の魅力は同じで、顔の成熟性にだけ差がある男女の写真を選んだ。

ようするに、魅力は同じだが、片方はベビーフェイスの子どもっぽい顔をしている人と、大人びて見える顔の人の写真を選びだしたわけである。

次に、その顔写真を64名の大学生に見せて、「あなたは、この人を管理者としての仕事に採用しますか?」と尋ねてみた。その仕事では、「頭の切れ」と「リーダーシップ」が必要だとも説明しておいた。

すると、**ベビーフェイスの人より、成熟した顔をしている人のほうが、その仕事に適当であると見なされ、採用されやすくなる**ことが判明したのである。

言うなれば、老け顔ほど有利だったのだ。

肌がピチピチしていて、若く見える人は、たしかに魅力的だが、あまり威厳は感じさせない。

逆に、老けて見える人は、魅力は劣るものの威厳は高く評価されるのである。

最近、女性を中心にして、たいていの人は、できるだけ若く見せることに腐心しているようだ。「アンチ・エイジング」などという言葉は、とにかく若く見せたい、という人間の欲求を具現化したものであろう。

男性でも、なるべく若く見えるスーツを着たり、髪型も今風にしたりと、あれこれ腐心しているようだ。それは、たしかに自分の魅力を高めるうえで効果的な作戦ではある。

しかし、その一方で、軽く見られてしまうという危険もあることを認識しておいてほしい。

そして、「自分にとって必要なのは、魅力を感じさせるより、むしろ若造扱いされないことなんじゃないか?」ということに気づいたのなら、作戦を変えるべきなのだ。

たとえば、白髪を染めるのではなく、むしろ白髪をアピールするのはどうだろう。こうすれば、年齢も上に見られやすくなる。お洒落なシャツを着るのではなく、むしろ地味なシャツを着るのはどうだろう。そのほうが、落ち着いていて、大人の雰囲気をかもし出すことができる。

話し方についても、若者言葉を一切使わず、低い声で話すようにするのだ。難しい漢語などを使って話していれば、あなたをだれも若造扱いしなくなる。

歩き方も、ちょこちょこ歩くのではなく、のっしのっしとお相撲さんのように歩くようにすると、年齢が上に見られるので有利だ。

経験年数でも「サバ」を読む

ある人事担当者に話を聞いたところ、「営業経験が5年あります」と言えば、十分にキャリアがあるとみなされるが、これが1年、2年だと、キャリアとしては不十分だと評価されるそうだ。3年でも微妙なラインだという。

たとえば、中途採用の面接において、営業を1年やっていましたとか、2年やっていましたなどと語る応募者は、「そんなもので、営業に必要なキャリアが身につくわけがないよ」と人事担当者に鼻で笑われるというのである。

先ほど、年齢は上に見られたほうがよい、という話をした。

これに関連していえば、「経験が多いように見られたほうがよい」とも言える。

実際の経験が3年だとしても、4年目、あるいは5年目くらいのサバは読みたい。

もちろん、面接や試験のような場面で、履歴書にウソを書くことは許されていないから、この場合には、正直に言うしかない。

けれども、たとえば人と打ち合わせをしているとか、お客さんに会うときなどには、どうせウソをついたところで、相手にはバレないわけだから、堂々とウソをついてよいのである。

「免許証を見せてくれ」とか「保険証を見せてくれ」などと、あなたの年齢を確認されることは絶対にないから、どうぞ安心してサバを読んでほしい。

「この仕事は、わが社としても、とても大切な仕事ですから、できれば経験豊富な方にお願いしたいのですが……」

「おまかせください！　私はベビーフェイスなので若く見えますけれども、この業界で15年やっているんですよ」

これが経験年数でサバを読む方法である。

弁護士やコンサルタントは、クライアントから相談を受けたときに、「私には（わが社には）、これだけの実績と経験があるんですよ」というアピールをして、顧客の獲得を狙うのが常套《じょうとう》手段になっている。

彼らが本当にそんな経験を持っているのかは、正直なところきわめて怪しい。

しかし、お客にとってみると、「経験はありませんが、がんばります！」などと正直に言われて不安にさせられるよりは、「経験があるから、大丈夫ですよ」と安心させてもらったほうが、嬉しいのである。

つまり、**弁護士たちが経験でサバを読むのは、決して悪いウソでもない**のである。

ミシシッピ大学のポール・ブッシュ准教授の実験では、生命保険のセールスをするとき、「経験年数がある」と紹介された人がセールスをするほうが、「経験があまりない」と紹介された人のセールスを受けるときより、お客は安心して加入してくれたという。

この実験では、同一人物がセールスをしていたのだが、経験年数があると紹介しておいたほうが、お客は信じてくれたのである。

もし、会社に勤めてからの職歴が7年目だったとしても、他の人には「10年の経験がある」と言ってしまおう。かりにウソがバレそうなときには、「四捨五入すると、10年だったんです」と、とぼければよいだけの話である。

私が「賞」にとことん、こだわる理由

私は、年齢であろうが、経験であろうが、どんどんサバを読んだほうがいいと思うが、そういうことを生理的に嫌いな読者も多いと思う。

「ウソをつくなんて、いやらしい」

「汚いウソをついてまで、自分を良く見せようなんて思わない」

なるほど、立派な心がけである。

人間としての美徳を十分に持ちあわせていると思う。もともといいかげんな性格で、すぐにサバを読む私には、頭が下がる思いがするほどだ。

しかし、25歳くらいの若造で、経験も何もロクにない人が、自分のやりたいように仕事をやらせてもらえるほど、世の中というものは甘くはない。**やりたいことをやるためには、少々の誇張は必要**だと思うのだが、いかがだろうか。

とはいえ、年齢も経験年数もウソをつきたくないのなら、次なる策として、「賞」を誇るやり方があるので、こちらも紹介しておこう。

スキルを存在する証明として、もっとも確実なのは、「賞」を手に入れることである。

「○○賞をとったことがある」ことを誇示できるのであれば、たとえ年齢が若かろうが、経験など何もなかろうが、問題はなくなるからである。

作家の世界でいえば、いろいろな雑誌でやっている「新人賞」を獲得してしまえば、おそらくは好きな本を書かせてもらえるだろう。年齢も経験も関係がない。なにしろ、受賞者ということで、十分に作家としてのスキルがあることを示せるからである。

世の中では、探してみると、けっこういろいろなコンテストをやっている。コンピュータの技術を競うとか、広告デザインを競うとか、陶芸のコンテストとか、風景写真のコンテストとか、なんでもありである。

どんなに小さなコンテストでもかまわないから、そこでとにかく受賞することを考えよう。なるべくマイナーなほうが、受賞する確率がアップするので狙い目である。

ともかく、何かの賞をとってしまえば、あなたは堂々と、自分が「〇〇賞の受賞者だ！」と自分を売り出すことができるだろう。

営業マンが3人しかいない会社でもかまわない。トップの成績を残した実績があり、社長に賞状をもらったことがあるなら、「トップセールス賞」の受賞者になる。もし転職するときには、履歴書にそれを堂々と書くことができる。

ひと口に、「営業経験あり」といっても、どれだけの実力があるかは、何か証明できるものがないと、相手にはわからないけれども、「名刺獲得キャンペーンでトップ」「受注最多賞」「営業トップ連続記録賞」などによって自分に箔《はく》をつけておけば、おそらく営業マンとしてどんな会社からも引く手あまたであろう。

ちなみに、私は、ある団体がやっている、読者が選ぶ実用書ランキングの年間ビジネス部門で15位になったことがある。15位では自慢にも何もなりはしないと思われるかもしれないが、私は嬉しくてたまらなかった。何もないよりは、ずいぶんマシだからである。

ノーザン・イリノイ大学のジョセフ・グラッシュ博士が、25人の政治候補者について調べたところ、「過去の経験・業績」を持っている人ほど、当選しやすかったという。

「私は、こういうことをやってきたんですよ！」という誇るべきものを持っている候補者は、選挙でも勝てたのである。

伊丹十三《いたみじゅうぞう》さんが、『あげまん』という映画のプレゼンをしたときは、紙にひとこと、

「あげまん」

と書いて、

「これをやりたいんです」

と差し出しただけでOKがもらえたそうである。

映画の企画書というのは、電話帳のように分厚いはずなのに、紙1枚の企画書で、しかもタイトルだけでOKだったのである。もちろん、そんなムリが通ったのは、伊丹さんには『お葬式』や『マルサの女』などが当たって実績があったためである。

経験・スキルを示すのに、てっとり早い方法は、業績を作ってしまうことだ。

どんなに小さなことでもいいから、まずは受賞者になることを考えよう。

なぜあの人は、だれにでも「平気で軽口」が言えるのか？

だれとでも軽口がきけるということは、それだけ心に余裕が溢れていることをアピールする方法である。緊張している人は、軽口など言えるわけがない。したがって、いつでも、どこでも、**軽口を叩くのは自分を大きく見せる**ために役立つのだ。

結婚式のスピーチでも、冗談を言って笑わせるような人ほど、余裕たっぷりに見える。逆に、だれも笑わないようなスピーチしかできない人は、どことなく人間の器が小さく見えるものである。

本田宗一郎さんは、熱海で開かれたホンダの全国販売店大会のスピーチにおいて、「頭とチンポは生きているうちに使え」と切り出して、会場を一度に沸かせたという（『本田宗一郎の3分間スピーチ』上之郷利昭《かみのごうとしあき》・カッパ・ブックス）。

こういう軽口は、よほど心に余裕がないと言えるものではない。私のような小心者には、絶対に言えない。こういう軽口が、だれを相手にも言えるようになれば、かなりの大物だと思ってもらえるはずである。

悪意のないからかい、冷やかしなど、茶目っ気のあるふざけ方を、英語で「バンタリング」と呼ぶが、**上手に人を笑わせる技術は、大物に見せるのに役立つ**のだ。

トルーマン大統領の机上には、「The buck stops here」（たらいまわしもここまで）というユニークな銘が置いてあったそうだが、こういうふざけ方ができるのが、大物の証拠である。

米国ウィンスロップ大学のジェニファー・ソロモン博士によると、ユーモア・センスがある人は、どんなに困難な状況をも、「たいした問題ではない」と思わせることができるのだという。

困った問題にぶつかったときには、「ああ困った……どうしよう、困った……」と泣きそうな声を出してはいけない。そんなことをしていると、頼りない人間に思われてしまうのがオチである。そんなときこそ冗談のひとつも言って、周囲を明るい気分にさせることを考えよう。

面白いことばかり言ってみんなを笑わせてくれるムードメーカーは、あまり仕事ができなくとも、周囲に嫌われることがない。そういう人がいると、どんな状況でも大丈夫だと思えるので、みんなが彼を必要とするからである。

もちろん、軽口を叩くためには、普段から面白い話題や冗談を集めておく必要があるが、いくつかのネタを拾っておくだけでも、十分に人を笑わせることは可能だ。緊張したときなどには、あえて**冗談を言って相手を笑わせれば、心理的な余裕も生まれてくる**ことを覚えておこう。

Column 4

自分の値段が高い人・安い人の「決定的な差」とは

自分という存在に対しては、できるだけ高い値段をつけるようにしよう。人間に値段をつけるなど、とんでもない話だと思われるかもしれない。奴隷貿易や人身売買が行われた時代ならともかく、今の時代で人間に値段をつけることなど、まことに非常識なことだと憤慨なさる読者もいると思う。

だが、それは他人に対して値段をつける場合であって、自分に値段をつけるのなら許されるのではないだろうか。そして、自分に値段をつけるのなら、思いきり高い値段をつけるのが正解である。

自分に高い値段をつければ、それなりに大切にしたいと思うのが人情だ。そして**自分を大切に思うようになると、自分を安売りしなくなる**のである。

たとえば、自分のホンネを押し殺してまで、引き受けたくもない仕事は受けなくなる。自分のプライベートな時間を大切にするので、上司に残業も求められても、断れるようになる。

自分に高い値段をつければ、生活を楽しむ時間もとれるようになる。なぜなら、それが自分を大切にするということだからである。

フリーで仕事をしている人ならわかると思うのだが、安い仕事をホイホイ引き受けていると、安い仕事しかまわしてもらえなくなる。「あいつなら安く引き受けてくれるよ」という噂が業界に広まって、本当に安っぽい人間になっていくのである。いったんそういう評価をなされると、「今度は条件を上げてくださいよ」と頼んでも、なかなかうなずいてもらえなくなる。

その点、どんなに仕事がほしくとも、安く自分を売ることをしなければ、〝ブランド〟としての価値はますます高まっていく。安く売るのを我慢していると、不思議なことに、自分の値段が上がっていくものなのだ。

高い商品には、高い値段がつくのが当然である。ブランド力のある商品は、すべてそうではないか。

自分という存在を大切にするのなら、高い値段をつけるのが当然なのである。だとしたら、安っぽい仕事なんて、こちらからお断りだ、というくらいに強気でいてもいいわけである。

「仕事を断るなんて、若造のくせに生意気だ」

「偉そうに断りやがって、何様のつもりなんだよ」

そういう心配が頭をもたげてくるのは、わかる。私も、そうだった。

しかし、それでも我慢して仕事を絞ったほうが、逆説的ながら、自分の価値は高まるものなのである。

ロング・アイランド大学で経営学を教えるデビッド・ジャラジャス教授は、205名の大学生を調査し、自分を安売りせず、自分にプライドを持っている人ほど、自分が望んでいる職業に就けることを明らかにした。**安売りしないほうが、職探しもうまくいく**のである。

「なんでもいいから、とりあえず仕事くださいよ」という姿勢をとっていると、便利屋として扱われ、そのうちポイ捨てされてしまう。

「つまんない仕事は、絶対に受けないよ」という高慢な態度をとっているほうが、かえって仕事は増える。不思議なことだが、世の中の仕組みは、そうなっているのである。

逃げる女性を追いかけていると、結局はフラれてしまうように、お金や仕事がほしくとも、ほしい、ほしいという顔をしていると、それらは逃げていくものと考えよう。

第5章

対人術は「質」より「形」！

相手に見くびられない「見た目」の話

度胸はどんどん「安売り」しよう

度胸というものは、訓練によって磨かれるものである。生まれたときから、肝っ玉の太い人もいるのかもしれないが、基本的には、どれくらい訓練しているかによって決まる。

度胸があるようにふるまっていれば、つまり、**度胸の「安売り」をしているほど、ホンモノの度胸が磨かれていく**のだ。

鉄血宰相と呼ばれるビスマルクは、幼年時代には、弱い性格の、意志薄弱で、メソメソしているような子どもだったという。しかし、一念発起して度胸があるようにふるまおうと決め、それを習慣づけることによって度胸をつけたそうである。

度胸というか、強気な姿勢というものは、訓練次第でいかようにも変えることができる。**生まれ持った素質とか、才能はあまり関係がない。**自分の考え方を変え、行動を変えていれば、それなりに度胸がつくものだと思っていたほうがいい。

たとえウソでも、「バンジージャンプに興味があるんですよ」とか「スカイダイビングをやってみたいんですよ」などと吹いていれば、それなりに勇気があるように思ってもらえるだろうと予想できる。

そういえば、私が子どものとき、高いブロック塀や木の上から飛び降りるという遊びが流行《はや》った。高いところから飛び降りることができる子どもほど、近所の子どもたちからは尊敬された。私も高いところから飛び降りて、足首をねんざしたことがある。

私がねんざし、動けなくなってうめいている姿を見た友人たちは、

「あんなところから飛び降りられるのは、すごい！」

と、まるで私をスター扱いしてくれた。本当のことを告白すれば、私は飛び降りるつもりなどなく、飛び降りる真似をするつもりだったのだが、足を滑らせて落ちてしまったのである。

それ以来というもの、私は「度胸のあるヤツ」と思われ、バカな私はその気になってしまい、度胸を見せるためにいろいろなことをしてきた。

無謀なことにも果敢に挑戦していく、少なくとも、挑戦するという意思はある、ということを示していれば、周囲の人からは軽く見られることはなくなるはずだ。

M・J・アプターは、『デンジャラス・エッジ』（講談社）の中で、子どもや一部の大人が、危険な遊びをするのは、それによって勇気が誇示できるからだろう、と分析している。

道端にヘビを見つけ、そのしっぽを手で持って振り回し、遠くに投げてしまうような男がいるとして、彼のことを小心者だと思う人は少ないと思われる。なぜなら、大胆なことをしているからである。

ちなみに、私はヘビが大嫌いなので、おそらくヘビに出会ったら全速力で逃げるだろう。もしそんな姿を他人に見られたら、笑いものにされるにちがいない。どんな対象でもそうだが、怯えたり、ビクビクしている姿は見せるべきではない。

もし会社の倉庫で、ゴキブリが出たからといって、とんでもなく大声で叫んでいたら、弱い人間だと思われてしまう。たとえどんなにゴキブリが嫌いでも、周囲に人がいるときには、なるべく涼しい顔をしながら、何食わぬ顔でその場から離れるくらいでなければならないことを覚えておこう。

「外面」は、いつでも自信満々でいる

アメリカの伝説的な弁護士クラレンス・ダロウは、「ダロウイズム」と呼ばれるほどの切れ者の弁護士として勇名をはせた。そんな彼のとった作戦というのが、**自信満々の態度で相手を威嚇《いかく》する**というやり方である。

ダロウは、法廷ではいつでも自信たっぷりの高圧的な態度をとって、胸を大きくそらしてみせた。そして、サスペンダーを引っ張っては放し、ビシビシと耳ざわりな音を立てながら、相手側の弁護士を威圧したという。

この作戦を、読者のみなさんも見習おう。

商談中には、アゴをあげて相手を見下ろし、手にしたボールペンでテーブル

をコツコツと叩いて不快な音を出してみるのだ。ちょうど取り調べの刑事が、犯人を威圧するときのような感じで、やや横柄とも思えるような態度をとるのである。

「そ、そ、そんなことをしても本当に大丈夫……なんですか？」

「相手を怒らせたりしませんかね……？」

読者のそんな裏返った声が聞こえてきそうであるが、大丈夫なのである。少なくとも、背中を丸めて、おどおどした態度をとっているよりは、はるかに自分の思いどおりに商談を進めることができるだろう。

ハーバード大学のドナ・カーニー博士によれば、相手をにらみつけたり、脅したりするような行動をとっていると、自分が社会的に上位の地位にあることを相手に印象づけることが可能である。ようするに威張っていたほうが、相手よりも立場が上であると認知させることができるのだ。

相手にすぐにナメられる人は、〝凄み〟が足りないから、ナメられるのである。この場合の凄みとは、強気な姿勢のことである。

胸をそらして、怖い顔で歩いているヤクザ風、あるいはチンピラ風の男がいるとして、だれが彼にケンカを吹っかけるであろうか。普通の歩行者は、おそらく、視線を合わせないようにしたり、道路の脇に寄ったりして、接触を避けるのではないか。


これは極端な例ではあるが、ビジネスでもそうなのである。

いかめしい顔をした人が、ヒザをにじり寄せてきて、「お願いします」と頼んできたとしたら、たいていの人は心理的に萎縮して、その人の言うことを聞いてしまうのではないかと思われる。断ったりしたら、ぶん殴られでもするのではないかという恐怖があるためである。

いつでもニコニコと笑顔を絶やさず、いい人を演じるのも、たしかに悪くはない。根がやさしい人にとっては、そういう菩薩《ぼさつ》のような作戦のほうが、しっくりくるのかもしれない。

けれども人に軽んじられないためには、菩薩ではなく、**阿修羅《あしゅら》を演じなければならない**状況も多々あるのである。

これまでの仕事のやり方をつづけても、「ああ、このままじゃ、自分はダメだな……」

と思うのなら、一度でいいから、菩薩をやめて、阿修羅になってほしい。そのほうが、自分の思いを遂げやすくなることがわかるであろう。

たとえ相手が目上の先輩であろうが、年配の上司であろうが、お得意さまであろうが、ニコニコ・ペコペコ作戦があまり功を奏していないと思われるときには、まったく逆の作戦、すなわちヤクザ風の「怖いお兄さん」作戦に切り替えてみよう。

今とはまったくちがった新しい地平が開けるかもしれない。

「伝統」を感じさせるものを、1つは身につける

洋服や持ち物に関して言えば、あまり流行を追求するのは避けたほうがよい。
なぜかといえば、「最新の」ものというのは、どこかうわっ面な感じというか、軽薄そうなイメージを相手に与えかねないからである。

たとえば、よりわかりやすく納得してもらうために、次にいくつかの会話例を載せてみる。みなさんは、この会話の話し手が、どこか浮ついた人物のように感じないだろうか。

「これってさ、この冬の限定モデルのコートなんだぜ!」
「この携帯は、先週出たばかりの最新モデル。かっこいいだろ?」

「ネクタイには、今年の流行色を入れてみたんだ。お洒落だろ?」

どうだろうか。

明らかに軽薄そうな雰囲気がぷんぷんと漂っていて、とてもではないが人物としての重みを感じさせないのではないかと思われる。

だれからも軽んじられない人間は、たしかに新しいモノにも手を出すが、それはあくまで仕事で使うパソコンや手帳くらいのものなのである。

人としての重みを感じさせたいなら、「**古風なもの**」「**古めかしいもの**」を必ず1つは持っておきたい。いい家柄に生まれた人ほど、その家に受け継がれてきたものを大切にするというが、あえてそうした年代を感じさせるものを持っていると、自分という存在に箔がつくからである。

古風なもの・アンティークを持つ=箔がつく

たとえば、男性であれば、祖父から受け継いだカフスボタン、懐中時計、万年筆などがオススメだ。もちろん、本当に祖父から受け継いだものかどうかは関係なく、骨董品屋さんで自分で買い求めたものでもかまわない。

「ずいぶん年季の入ったカフスボタンですよね」と相手に気づいてもらったとき、**「曾祖父《そうそふ》が使っていたものらしいです」と答えれば、それだけであなたは信頼に足る人物**であると相手に思わせることができる。

女性なら、祖母にいただいたブローチ、曾祖母が愛用していたイヤリングなどがいい。今風のデザインには見えないかもしれないが、大切なのはお洒落に見えることではなく、自分の重みを高めることなのだから、そこは我慢だ。

どんなに高価なものであっても、最新のモノは、やはり時代の重みには勝てない。明治、大正時代から、１００年以上も受け継がれてきたという道具には、やはりどこかに気品があり、その気品は、持ち主にも投影されるのだ。

アリゾナ州立大学のロバート・チャルディーニ博士は、「好ましいイメージを与えるものと、自分とを結びつけて相手にアピールしなさい。そうすれば、あなたも好かれますから」と教えている。

これを〝連想法〟と呼ぶのだが、相手に気品を感じさせたいなら、まずは気品にあふれたものを持ち、そのイメージと自分を結びつけて誇示しよう。

日本人は、新しいものを好む国民だというが、その一方で、きちんと「伝統」を大切にする文化も持っている。したがって、あなたが伝統ある品を持っていれば、相手はそれを古臭いなどとバカにすることなく、素直に感心してくれるはずである。

「混じりもののない道具」を使う

仕事ができる男は、仕事以外のことにうつつを抜かさない。したがって、自分の持ち物も、頑丈なだけが取り柄という、シンプルなものが多い。

シンプルなものしか使わないという姿勢を示すと、頭の中にあるのは、仕事のことばかりで、余計なことになどかまっていられるか、という哲学を感じさせる。

その点、携帯に、じゃらじゃらとストラップをつけていたり（しかも3個以上）、ウサギの絵がついたファイルを平気で持っている人を見ると、「この人は、本気で仕事をしているのだろうか？」と相手に勘繰《かんぐ》られてしまいかねない。

たとえ、**ウサギが大好きでも、そういうイラストの入ったファイルやメモ帳**を、仕事の場に持ち込んではならない。仕事を真剣にやっておらず、ふざけて、**ちゃらんぽらんなイメージを持たれてしまう**のだ。

たとえ女性社員から、「課長、かわいいですね。そのネコとイヌとイルカのストラップ！」などとホメられても、それは自分が見くびられているのであって、決して尊敬も信頼もされていないことを認識すべきだろう。

カナダ中南部にあるサスカチェワン大学のカール・フォン・ベイヤー博士によると、伝統的な人は、服装でも「地味」を好むというが、伝統的な人、すなわち重みを何よりも大切にする人は、あまり華美なものを身につけない。

その意味では、**地味すぎて目立たないのであるが、だからこそ堅実で、信頼できるイメージを周囲に振りまく**のである。

ペンケースにしろ、鞄にしろ、ネクタイピンにしろ、余分な「混じりもの」

は極力減らしたほうがいい。軽く扱われたくないのなら、まずは軽そうに見られるものを、すべて取っ払わなければならない。仕事に関係のないものは一切持たない、というくらいの強い覚悟を自分なりに持ちたいものである。

たしかに、初対面の相手との話題のとっかかりとして、ユニークなイラストの入った小道具を持つことは、悪くはない。

しかし、それは相手に親しんでもらうための作戦ではあっても、決して尊敬されたり、一目置かれるための作戦ではないことに注意しよう。

あるイラストレーターさんは、私との打ち合わせのときに、自分で作ったという携帯ストラップを見せてくれた。

それを見せてもらった私は、「へぇ、器用なもんですね。ご自分で作ったんですか。すごいなぁ?」と口では感心して見せたが、こういうモノを仕事の場に持ち込んでくるなんて……と心の中では軽蔑していた。

彼は、「安い仕事ばかりで困っちゃいますよ」と頭を掻《か》いていたが、安い仕事しかまわしてもらえないのは、あなたに重みがないからだよ、とよっぽど教えてあげようと思ったほどである。もちろん、そんなことを言うと彼が傷つくと思ったので、教えてあげなかったが。

くり返しになるが、自分にとって**〝軽そう〟に見えるものは、なるべく減らすのが基本のセオリー**。

私などは、根っこが古い人間であるせいか、持ち物だけでなく、髪型に関しても、茶髪や男性の長髪が嫌いである。わざわざ、自分を軽く見せなくてもいいのに、と思っている。

「茶髪であろうが、長髪であろうが、本業とは関係ないんだからいいじゃない。仕事はマジメにやっているんだし……」

こう反論したい読者の方もいらっしゃると思うが、それが許されるのは有名人か芸術家くらいなものである。普通のビジネスをやっている人にとっては、わざわざ自分の重みを失わせるような働きをする軽薄そうな髪型をするのは、まったくの損であるとしか思えないのだ。

自分がした約束は、1度でも破ると評価はゼロ

「水曜までに連絡いたしますね」などと言いながら、連絡を忘れてしまう人がいる。

この場合、仕事が忙しかったとか、うっかり連絡しなかった、という理由は通らない。

もし、「連絡する」と言いながら「連絡しなかった」とき、どれほど相手に嫌われるのかは想像に難くない。

どんなに小さな約束であれ、約束したときには、必ず守らなければならない。

できそうもない約束は、最初からしないほうがいい。

相手から、「あの件はどうなりました?」などと催促されるのは、自分にとっての恥である。私は、ちょっとした約束を守らなかったばかりに、仕事を打ち切られたり、取引を失ったりしている人をたくさん知っている。

たった1回でも、約束を守らなければ、評判はガタ落ちになると心得ておかなければならない。できる人は、どんな理由があれ、自分がした約束は死んでも守るのだ。

「月末までに原稿をお渡しします」

こう約束したら、たとえ親の葬式などの不慮の事態が次から次へと起こったにしても、それでも月末までには原稿を完成させて送る、という強い意志がなければ、編集者に信用されるわけがない。それが仕事の仁義というものではないだろうか。私は、そう考えて仕事をしている。

「なんだよ、1回くらい、お目こぼししてくれたっていいじゃん」という理屈は、社会では通らない。そんなに甘い世界ではないからである。

人の信頼を勝ち取る勝負というのは、トーナメント方式で行われている試合のようなもので、**1回でも負けたら、その時点でオシマイ**であり、敗者復活戦などという都合のいいものはないと心得よう。

ステファニー・ウィンストンさんは、その著書、『出世する人の仕事術』（英治出版）という本の中で、「とにかく約束を破るな」と述べている。ちょこちょこ約束を破っていたら、出世などできないというのである。待ち合わせの時間にしろ、納品の期日にしろ、とにかく**自分がした約束は、確実に遂行することが、その人物の信頼性と品位を高める**のだ。

あなたが約束を破ったときに、相手はおそらく「ああ、大丈夫ですよ」とか「今回は、かまいませんよ」と言ってくれるにちがいない。

しかし、相手がそう言ってくれたとしても、それを真に受けるのは、本当のバカである。

「大丈夫ですよ」という言葉の後ろには、「大丈夫ですよ、あなたとは、もう二度とビジネスをしないことにしますから」というホンネが省略されていることに気がつかないでどうするのだ。

約束と呼べないような、軽い口約束でさえ、必ず守ろう。

軽い口約束は、守らなかったからといって、別にどうということもないが、それが積み重なれば「軽い人」という印象を相手に植えつける。

そうなると、あなたの言葉に重みがなくなって、「あいつの言うことってさ、全然アテにならないよね」と陰口を叩かれることになるのだ。たとえCDや本の貸し借りのような口約束でも、律儀に守っていれば、「信用できる人だ」と感心させることができるのと対照的である。

ところで、私の印象では、男性にくらべて、女性のほうが、約束というものを軽く考えすぎているフシがある。

「私、忙しいんで、約束の日時を変えてくれませんか？」

「別の仕事が入ったので、予定を延ばしてくれませんか？」

などと平気であつかましいお願いをしてくるのは、女性に多いような気がする。男性なら、いったん約束をしたら、先約を大切にして、それを守ろうとするものだが。


組織において、女性が、男性にくらべてその地位があまり高くないことを、フェミニストの人たちはすぐに男女差別やら男尊女卑に結びつけたがるが、私に言わせれば、男性にくらべて女性はちょこちょこと約束を破るので、いまいち信用されにくいことが影響しているように思われるのだが。

なぜ仕事ができる人は、「筋トレ」をするのか？

強い男は、決して弱音など吐かない。強い男は、精神的にも、身体的にも強靭である。少なくとも、**強靭であるように見せかけなければならない**。これは女性でもそうである。

これは、ちょっと考えてみればわかる。

読者のみなさんは、胃《い》潰《かい》瘍《よう》のリーダーとか、不眠症の戦士というものを想像できるであろうか。うまく、想像できないであろう。健康を損なっていると、それだけで弱々しく見られてしまうのである。**強い人間は、病人であってはならない**のだ。

動物の世界では、オス同士でケンカをしたりして、傷を負ったほうは、他のオスから容赦なくイジめられることになっている。鶏などは、イジめられて血を流した鶏は、他の鶏の集中攻撃にあって、殺されてしまう。

あるいは、病気やケガを負ったオスも、弱い者扱いされ、仲間うちからはじき出されてしまう。弱さを相手に見られると、やさしくかばってもらうというよりは、「なんだ、こいつ。やっつけちまえ！」という残酷な対応を受けるのである。

人間の世界も、動物の世界と同じである。ワンマンの権力をふりかざして威張りくさっている経営者が、いったん急性心筋梗塞で倒れてからというもの、どうも以前のような強さを見せることがなくなった、という話は枚挙にいとまがない。病気になると、周りが言うことを聞かなくなるのである。人間の世界でも、弱い人間は軽く扱われるようになるのである。

「最近、よく眠れなくてね。夜に何度も目を覚ましてしまうんだよ……」ということが事実であっても、自分が弱っていることを他人に知られてはならない。その事実は隠すべきである。
「最近、めっきり年をとってしまってね。食欲があまりないんだ……」ということが本当であっても、「俺はまだ若いから、食欲も旺盛すぎて、医者が驚いている」とウソをつかなければならない。

先日、お会いした編集者と一緒にお昼をとったときの話である。彼は、食事がすむとお水を注文し、ごそごそと鞄をまさぐったと思ったら、いくつかの薬を取り出して飲み始めたのである。どうやら糖尿病の薬らしい。「うっかり薬を忘れると、すぐに血糖値があがっちゃうんで困りますよ……アハハ……」と、彼は力なく笑っていた。

食後に薬を飲まなければならないとしても、そういう姿は人前で見せるべきではないな、と私は心の中で思った。そんな無防備な姿をさらけ出していると、強い男と見なされず、他人に食いモノにされる危険が高くなるからである。もちろん、私はやさしい人間なので、彼をイジめたりはしないが。

カリフォルニア大学のソーニャ・リュボマースキー博士は、仕事でも、結婚でも、友人関係でも、うまくいく人、成功する人はまた、健康的で、体力がある人であると指摘している。これを博士は、「ハピネス——サクセス・リンク」と呼んだ。健康的で幸せを感じている人は、成功を呼びこみやすいといえる。

まずは健康をきちんと管理し、体力をつけよう。

そうやって体力をつけるようにすると、あなたはだれにも軽んじられることがなくなる。

精神的なタフさはもとより、肉体的なタフさが、何よりもあなたの強さを感じさせることを忘れてはならない。

これはとても大切なことであるため、項目を改めてもう少し論じたいと思う。

どこか「危ない雰囲気」を漂わせる

戦後の民主主義教育を受けた人たちは、「暴力は絶対にいけません」とか「戦争は絶対にいけません」という思想を強く植えつけられたためか、「暴力」をそもそも認めていないところがある。それが文化的な人間のあり方だとも思っている。

しかし、私は、それはちょっと違うのではないかな、と思うのだ。

いざというとき、一番頼りになるのは、腕っぷしの強さなのであるから。暴力を使うのは、大人気ないことなのかもしれないが、本当に必要なときには、ケンカのひとつもできないようでは困るのである。

日本では、領海内に入ってきた不審船に対しても、警告くらいしかできない。これでは、諸外国に対してナメられるし、侮られるしで、いいことは何もないと思う。

「たとえ外国が攻めてきても、それでも戦争はしない。喜んでへつらっていれば大丈夫なんだよ」という考えの文化人もいるようだが、私にはどうも違うように思えてならない。べつに私は好んで戦争をしなさいなどと言うつもりはないが、ケンカのひとつもやらずに屈伏すればいい、などという考えが正しいとは思えないのだ。

私の父親は、たとえ仕事がらみで付き合いのある人でも、気に入らないことがあると、だれとでもケンカを吹っかけるような人である。負けん気が強くて、お金をもらってもペコペコできないような男であった。そういう父親の後姿を見て育ったせいか、私も気に入らないことがあると、すぐに手が出る。それで大切な友だちを失ったこともあるが、それはそれでしかたがないのだな、となかば諦めている。

イギリスの哲学者ラッセルも、「教育において暴力を用いるのは、ごくまれでなければならない。しかし、ときには有益ではないかと私は考える」と述べている（『ラッセル教育論』安藤貞雄《あんどうさだお》訳／岩波文庫）。

今では、学校の先生は体罰などを絶対にしないと思うが、私が中学生くらいのときには、腕っぷしで学生をねじふせる先生は、けっこういた。

私の通っていた中学校でも、不良をこっそり呼び出して校舎裏でぶちのめし、不良たちから尊敬されている体育教師がいた。ケンカをするから嫌われるとか、見下されるというより、むしろ尊敬されてしまうところに人間の面白さがある。

不良に殴られても反撃もせず、マスコミにばれるのが怖くて、警察に通報することもできずに泣き寝入りする教師のほうが、生徒に侮られてしまうことからすると、暴力が絶対的に悪だとは言えないと思えてしまうのである。

米国ペンシルバニア州にあるスミス・カレッジの心理学者ローレン・ダンカ

ン博士は、パワーのある人は、人間関係において、大声をあげる、怒鳴る、脅かす、押す、つかむなどの方法がとれるけれども、パワーのない人は、相手のいないところで悪口を言う、相手を呪う、相手の嫌がることを陰で行う、といった情けない方法しかとれないことを調査によって示している。

べつに暴力的な人間になる必要はないけれども、**どこかに危険な匂いを漂わせよう。**

たまには大声でキレてもいいと思う。気に入らないことばかり命じてくる上司なら、胸ぐらをつかんでもいいと思う。

それで仕事を打ち切られたり、クビにさせられることはあっても、「そういう大胆な行動をとれた」自分が好きになれるし、自信にもつながっていくと思うのだ。

肉体改造をすると精神的にも強くなる

直木賞作家の浅田次郎《あさだじろう》さんが、陸上自衛隊に勤務していた経験を持つ話は有名である。その浅田さんは、「今でも、陸上自衛隊で一番強い兵は、銃剣術の強いヤツなんですよ」と語っている。

銃剣術とは、小銃の先に短い剣をつけた武器での戦い。いわゆる白兵戦に有効な武器だが、近代化された軍隊では、あまり必要とされていない。銃剣で突撃しなければならないような事態など、現代戦では考えられないからだ。にもかかわらず、銃剣術の強い兵士は、陸上自衛隊でも、あいかわらず周囲から一目置かれるのだという。

腕っぷしの強さは、まさに〝強さの証〟。柔道が強いとか、空手の有段者であるとか、ともかく**腕っぷしが強い人は、それだけでナメられなくなる。**

「俺は、知性で勝負するんだ。ケンカなんて、野蛮人のすることだよ……」とニヒルに考える読者がいると思うが、痩《や》せていて、筋肉などまったくなく、ヒョロヒョロしている人は、たとえどれほど頭がよくとも、やはり軽んじられてしまうのではないだろうか。

「たしかに議論ではお前には負けるかもしれないけどな。組みあってケンカをしたら、お前なんかにゃ負けないよ」と相手も心の中では笑っているはずで、頭でっかちなだけでは、相手に畏怖《いふ》されるとか、怖がられることはないものと思っていたほうがいい。

古代ギリシャの哲学者プラトンといえば、知性の塊のようなイメージがあるけれども、スポーツが全然できなかったかといえば、むしろ逆である。プラトンは、レスリングがめっぽう強く、ギリシャの4大祭典のひとつ、イストミア祭の競技会で優勝しているほどだ。おそらくは肉体的にも筋肉質で、がっしりした体型だったにちがいない。

日本でも昔から文武両道といわれ、頭も、腕っぷしも、両方とも大切だとされている。最近では、文のほうばかりが強調されすぎてはいるが、武をないがしろにしてはいけない。ケンカが強くなくては、相手を圧倒することなどできないからである。

イラン南西部にあるシラズ大学のジャミシッド・アーマディ博士が、311名の人に、4週間のボディビルをやらせるという実験をしたことがある。その訓練をやらせる前には、抑うつ的かを調べるテストにおいて、67％の人がうつ傾向と判定された。

ところが、筋肉をつけさせるようにした4週間後には、その割合が42％に減少したのである。たった1ヵ月でも、筋肉をつけさせると、抑うつ的で、クヨクヨした性格が改められるという証拠だ。**肉体改造をすると、精神的にも強く**

なれるのである。

文部科学省の統計を見ても、小学生の体力は、20年前とくらべると、はっきり落ちているという。かつての子どものように、野山を駆け回ったりしなくなったことが原因だが、これはあまりよいことではない。小さな頃から基礎的な体力をつけておかないと、大人になってから体力をつけるのが難しくなるからである。

毎日、腕立て伏せと腹筋をやろう。

腕が太くなり、お腹の筋肉が割れてくるようになれば、自分に自信がつくし、圧倒的な存在感をアピールすることができるだろう。

100戦して100勝を心がける

勝負では必ず勝たなければならない。「善戦はしたんだけど、力が及びませんでした」では、だれからも尊敬してもらえない。

営業にしろ、プレゼンにしろ、やるからには、必ず勝利を得ることを、自分の目標としよう。戦って敗れてしまうなど、もってのほかである。

「精一杯やったんだから」という言葉には、甘えがぷんぷんとにおう。私の大嫌いな言葉のひとつでもある。これを吹っ切らないと、強者にはなれない。勝負をするからには、どんなことがあっても、**たとえ汚い手を使っても勝ってやる、という強い意志**こそが、勝利を呼び込むのである。

ドイツにあるポッダム大学のステファン・エンゲザー博士によると、「達成」とか「勝利」とか「成功」という言葉で、頭の中をいっぱいにしておくと、それが本人に無意識的な力を与え、目標を達成するための原動力として働くのだという。たえず勝つことだけを考えていれば、本当に勝てるようになるのだ。「負けてもいいや」と思っていると、そういう無意識の力は出てこない。実力＋αの力は、本人の思い込みが生み出すのであるから。

オリンピックを見ていて思ったのだが、オリンピックに出場する日本人選手にも、不甲斐ない選手がいた。メダルはおろか、予選で落ちてしまっているというのに、マイクを向けられると、「ベストを尽くしましたから、全然悔いなどありません」と笑って答えていたのである。これでは勝てるわけがないな、とあきれたのを覚えている。

50代になっても現役のプレーヤーとして活躍していた女子プロテニスのマルティナ・ナブラチロワは言う。

「『大事なのは、勝ち負けじゃない』なんて言っている人は、たいてい負ける

わね」と。

　私もこれに同感だ。

　ビジネスマンの中には、

「自分で納得のできる仕事ができれば、それでいいんです。売上が伸びるかどうかは、あまり気にしていません」

　などと平気で口にする人もいるが、そんなふうに考えているから、いまいち伸びられないのだ。

　商品を作れば、必ず売れる商品を作り、ヒットを連発してやる、という固い意志を持って仕事をしている人には、最初から勝てるわけがないのだ。

　出版社の編集者の中にも、

「本が売れるかどうかは、あまり関係ありませんね。僕は、仕事を純粋に楽しみたいんです」

　などと寝言をほざく人がいる。

　とりわけ新人の編集者に多いような気がする。

そういう人と、私は仕事をしない。

作家にとって、自分の本が売れるかどうかは、自分の値うちを決められるようなものであり、売れない本を作られては困るのである。特に、最初から「売れるかどうかは関係がない」などと公言するような人とは、一緒に仕事をする意欲すら失《う》せるのである。

ビジネスの世界というのは、結果至上主義だ。

どんなことを言おうが、やはり成果と結果を出している人間が一番強いのである。どんなに頑張ろうが、全然成果を出していないのであれば、どんなに立派な発言も受け入れてもらえないし、自分の好きなこともやらせてもらえないのである。

ガツガツ競争したり、根性を見せたりすることは、たしかに現代人にとってみるとスマートなことではないのかもしれない。だが、**ビジネスで勝てる人は、えてしてスマートな人ではなく、泥水をすすってでも生き延びてやる、という強い意志を持った人間**であることを忘れてはならない。

Column 5

人と食事をするときには、「パスタ」を注文しない

仕事がらみで人と会食するときには、できるだけ「汚れない」ように心がけることが大切である。というより、そのことのほうが、栄養がどうとか、食べ物の好き嫌いがどうの、という問題よりもはるかに重要で切実である。

私も、打ち合わせのときなどに食事にさそわれることがあるが、そんなときには、「自分が、今何を食べたいのか」よりも、「**どんな食事なら、いいイメージを与えられるか**」という問題を重視する。

なぜかといえば、むさくるしい食べ方をしたり、汚らしい食べ方をしていると、私の評価が著しく下がって、見下されてしまう危険性が大だからである。

ヨーロッパでは、食事の作法を見れば、その人がどの階級に属するのかが簡単にバレてしまうというが、食べ方ひとつで自分の評価がいかようにも変わるのだ。

本書は、テーブルマナーの本ではないので、細かいアドバイスはしない。ただ、読者のみなさんにはひとつだけ、**「パスタはやめろ」**とアドバイスしたいと思う。

トマトソースにしろ、ミートソースにしろ、どんなにうまく食べようとしても、口元やシャツに、必ずソースが飛び散る。食後、テーブルのお皿のまわりをよく観察してほしい。どんなに注意しても、ソースが点々といくつか飛び散っているのに気づかれるはずだ。

パスタというものは、フォークをからめて持ち上げたとき、どうしても麺からソースが飛び散りやすいのであり、その意味では、優雅に食べることが非常に難しい食べ物なのである。

もちろん、ゆっくり麺を持ちあげたり、細心の注意を払えばソースが飛び散らない食べ方ができるのかもしれないが、そちらに気をとられていると、せっかくの相手との会話が楽しめなくなってしまう。これでは何のために会食をしているのかがわからない。相手ともっと親密になるために会食をしているはずなのに、まったくの無言で食べ進めなければならなくなるからだ。

同じことは、カレーうどんやそば、ラーメンなどを食べるときにも当てはまる。

やはり汁が飛び散るので、どうしても汚らしいイメージを与えることになるので、できれば避けたほうがいい。

「あなた＝汚らしく食べる人」というイメージが相手の頭の中にいったんできあがってしまうと、そのイメージの連想を打ち壊すのは容易なことではない。

食べ方というものは、生理的な嫌悪感を相手に引き起こしかねないが、生理的な反応に基づくイメージは、おいそれと修正できないのだ。

たとえば、読者のみなさんもある特定の人物に対して、「くちゃくちゃと音を立てて食べる人が嫌い」とか「ガツガツ食べている姿が、動物っぽく見えてイヤ」などという生理的な嫌悪感を持ったことがあるかもしれないが、いったんそういう嫌悪感を持った人に対しては、おそらくなかなかそのイメージを払拭できなかったのではないかと思われる。

米国メリーランド大学のジョン・ニューハゲン助教授によると、ネガティブな印象を持たれた出来事は、記憶に強く定着し、なかなか忘却されにくいという。

だとしたら、最初からネガティブなイメージを与えないように注意するのに越したことはない。

たかが食事、されど食事である。

「好きなものを、好きなように、食べさせてくれよ！」と声を張り上げたい気持ちはわかるのだが、好きなものを、好きなように食べるのは、あくまで1人でいるときだけにしたほうがいい。

第6章

簡単に「スペシャリスト」になる技術

自然と相手が負けてくれる心理テクニック

数少ないプロがしている「普通のこと」とは？

囲碁の名誉棋聖として知られる藤沢秀行《ふじさわひでゆき》さんによれば、プロ棋士が上達する意欲を失い、ダメになっていく大きな原因は、会社のクラブや個人指導などで小銭を稼ぎはじめ、その収入で食べていけるようになってしまうことにあるという。

食えなければ死にもの狂いで碁の勉強をするしかない。ところが、なんとか食っていける稽古代が入ってくると、とたんに碁の勉強に熱が入らなくなるというのである。「食べていけるのだから、ま、いっか」というお気楽さが生まれてしまうのだろう。

どんな職種でもそうだと思うが、〝その道のプロ〟になりたければ、やはりとんでもなく努力をしなければダメである。お気楽な姿勢で、中途半端にやっていたら、中途半端な結果しか得られないのは当然だからである。

仕事人として、**二流、三流で終わりたくないのなら、努力をすること**だ。一流の人たちは、口では気楽なことを言っていても、陰では、信じられないほどの汗を流しているのだ。もし、そんなに簡単に一流になれるのなら、世の中には一流ばかりであふれかえっているはずだが、現実には、一流の人は数えるほどしかいない。

それというのも、たいていの人は努力をしないからである。

一流にまで登りつめる人は、努力の鬼である。

現状に満足せず、さらなる高みを目指して頑張れる人である。

私は、二流と三流の中間くらいをふらふらしている作家ではあるが、それでも余人には想像がつかないくらい努力しているのだ。この努力でも一流のレベルにはほど遠いのだから、おそらく一流の作家の先生たちは、もっと凄まじい努力をしているのにちがいない。私も、二流の作家で終わりたくはないので、さらに努力するつもりである。

こんな調査がある。ドイツにあるマックス・プランク研究所のラルフ・クランプ博士が、一流のピアニストと、アマチュアのピアニストの練習量を比較したところ、それぞれがピアノを始めてから24歳までには、約10倍もの差が開いていたそうだ。

一流のピアニストは、ピアノを習い始めてから24歳までに、平均して週33時間もピアノに触れている。ところが、アマチュアどまりのピアニストは、平均して週3、4時間しかピアノに触れていなかったのである。その差が、約10倍だったのだ。

一流になれるかどうかを決めるのは、なんのことはない、努力ができるかどうかの問題なのだ。とにかく、がむしゃらに頑張っている人が勝つのである。

「僕は、全然、努力なんてしてないんですけどね。気がついたら、一流になってしまいましたよ、アハハ……」などという起業家がいるのなら、ぜひお目にかかりたい。

おそらく、彼は自分が努力しているのを他人に知られるのが恥ずかしくて、そんなふうに語っているだけなのだろう。

もちろん、努力だけで絶対に成功する、などとは言わない。運のよさもその人が成功するかどうかに大きくかかわっているからである。しかし、運のよさだけに頼って、努力の裏づけがなければ、やはりその人は一流にとどまりつづけることはできないだろう。

バーナード・ショウも語っている、「若かった頃、自分のしたことの10のうちの9つは失敗でした。私は失敗者で終わりたくなかったので、人の10倍、仕事をしたのです」と。

「○○といえばあいつ！」を確立する簡単な方法

だれも持っていない特殊技能を身につけることは、とても重要である。それは、**自分というブランドの価値を、これ以上ないくらいに高める**からだ。だれもが持っている技能を持っていても、自慢にも何もなりはしない。他人が持っていないものを持っていてこそ、はじめて羨ましがられる存在になれるのである。

フランスの心理学者ミゲル・ブレンドルは、欲しくても手に入らないものは、その対象の価値を高めることを実験的に検証し、これを「価値増大効果」と名づけた。だれも持っていない能力を磨くことは、自分の価値を高めるうえで、てっとり早い方法だといえる。

たとえば、テレビでエジプトの特集が組まれると、必ずといってよいほど、早稲田大学の吉村作治《よしむらさくじ》名誉教授がゲストやコメンテーターとして呼ばれて出てくる。

なぜかといえば、**「エジプト＝吉村教授」**と結びつけられるほどのイメージが持たれているからである。

あいにく私は吉村教授のご専門がどういうものかを存じていないのだが、いくらなんでもあらゆる領域の専門ではないはずだから、得意な分野と、苦手な分野があるはずである。いくらエジプト関連の番組とはいっても、中には、

「あれえ？　それって、あまり詳しくはないんだけどなあ……」

というものが吉村教授にもあるに違いない。それでもエジプト関係の仕事といえば、全部が全部、すべて吉村教授にまわっていくのではないかと思われる。

吉村教授の例を見てもわかるように、「○○といえば、あいつだ！」というイメージを確立してしまえば、あとはそのイメージに結びついた仕事を、片っ

ぱしから手に入れることができる。

したがって、読者のみなさんがやるべきことは、ただ1つである。

自分という存在のブランド・イメージを確立することなのだ。


「プログラムのことなら、山村さん」

「掃除のことなら、木内さん」

「リーダーシップなら荒木さん」

「急ぎの仕事は、渡辺さん」


こんな具合に、自分なりの特殊能力を磨きに磨いて、まずは取り換えのきかない人間になろう。

そうなれば、仕事をだれかにとられるようなことはなくなるし、自分なりに仕事をやらせてもらえるし、多少のワガママも言えるようになるのである。

「この分野だったら、少しは、どんぐりの背くらべ以上に伸びられるかも?」

という分野を探し、それに関する特殊技能を徹底的に伸ばすことである。そういう能力があれば、だれもあなたのことを軽く扱わなくなる。

自分の能力がわからないときには、だれもやっていないことを見つけよう。**だれもやっていない分野を開拓すれば、だまっていてもあなたが第一人者**だ。

横浜や箱根などでおもちゃ博物館を運営している北原照久《きたはらてるひさ》さんは、子どもたちが捨ててしまうおもちゃを、ずっと大事に捨てないことで、世界的なおもちゃコレクターになった。だれもやっていないことをやれば、周囲がそれを認めてくれるのである。

ゼネラリストは「中途半端な人」の代名詞

日本の企業というのは、スペシャリストを養成するというよりは、どちらかというとゼネラリストを養成するようなシステムになっている。定期的に、人事異動や、部署移動が行われるのは何よりの証拠で、「いろんな仕事をやらせて、総合的な力をつけさせよう」という狙いが垣間見える。

しかし、こういう会社の配慮は、みなさんにとってはまさに「ありがた迷惑」だと言わざるを得ない。

なぜなら、みなさんがやるべきことは、他人には絶対に負けない能力を磨くことなのであって、**スペシャリストに徹する**ことだからである。

「僕は、経理も、事務も、営業も、販売も、秘書も、何でもできるんですよ」というのは、自慢にもなりはしない。**どうせどれもこれも中途半端な能力であると思われるのがオチ**である。そもそもゼネラリストの能力を誇るような人間は、結局は、誇るべきものが何一つないことなど、だれでも知っている。

スペシャリスト……他人に絶対負けない能力をもつ
ゼネラリスト……誇るべき「何か」が見当たらない

ニュートンの頭に、チャイコフスキーの「悲愴」の楽想がひらめくことはなかったろう。なぜならニュートンは天才的な数学者であっても、作曲家ではなかったからである。

しかし、だからといって、ニュートンは音楽の才能がなくてダメだ、などということになるだろうか。

なるわけがない。

ある特定分野のスペシャリストになってしまえば、その他のことが全然できなくとも、だれも笑わないのである。

営業の天才とか、営業の神さまと呼ばれるくらいにスペシャリストとしての能力を磨けば、汚い字しか書けなくとも、数字の計算が苦手でも、そんなことは評価の対象にはならなくなるのである。

なぜなら、その人にとっての勝負の土俵は、他ならぬ「営業」なのであって、それ以外のところでは勝負していないのだから。

レオナルド・ダ・ヴィンチくらいに優秀な人間であれば、ひょっとすると彫刻家としても、画家としても、建築家としても、科学者としても、その他いろいろな分野で多彩な才能を見せることができるのかもしれないが、普通の私たちにとっては、そんなことはムリな相談である。

あらゆる土俵で勝負しなければならないゼネラリストとして勝ちあがってい
くのは、大変なばかりで、まさに「労多くして功少なし」ということになる。
したがって、**自分で決めた分野を1本に絞って、そこでだけ勝負する**ように
したほうがいいのである。

高校や大学の入試には、「一芸入試」といって、ひとつでも秀でた能力があれば、合格させてくれる学校もチラホラあるようだが、「多芸入試」というものはない。多芸はあまり歓迎されないことは、こういうことからもわかる。

ちなみに、相撲の世界では、得意技というものがなくて、右でも左でも、どちらでも相撲のとれる人は、「なまくら四つ」と呼ばれるそうであるが、こういう人は大成しないともいわれている。

さらに言えば、余計なスキルを伸ばそうとしていると、肝心の自分のイメージがぼやけてしまう、という問題も引き起こす可能性がある。

ミネソタ大学のデボラ・ジョン博士の実験によると、商品のブランドを拡張しようとすると（つまり余計なことをしようとすると）、せっかくの主力商品のイメージが損なわれるそうである。

たとえば、「肌にやさしい」というイメージを大事にしているシャンプーの商品があったとして、ブランド拡張によって、そこに「香りがいい」などの余計なイメージを増やそうとすると、かえって商品の魅力がなくなってしまうというのである。

余計なことはしないに越したことはない。

読者のみなさんは、ただ人に負けないものを決めて、スペシャリストとしての技能を徹底的に伸ばすことだけを考えればよい。

ひそかに「俺のほうが、ずっと格上」という意識を持つ

人をのんでかかる。

これはあらゆる勝負に勝つための大鉄則。

「こんなヤツに、オレ様が負けるわけない」と思うからこそ、そこに目に見えない力が働く。根拠など何もないくせに、とにかく鼻っぱしらが強い人ほど、結果が残せるのは、どんな勝負をするときにも、〝オレ様〟意識を保ちつづけるからである。

たしか和田秀樹《わだひでき》さんが書いていたと思うのだが、開成や灘などの有名高校が受験で強いのは、それらの学生には、エリート意識があるからだそうだ。「オ

レ様が、落ちるわけがない」という根拠のない自信に溢れていて、偏差値が60くらいでも平気で東大を受けてしまうことが、結果として合格につながるのではないか、と和田さんは分析している。

「落ちてもともと」などと思っていては、受験では絶対に勝てない。「記念受験で」とか「**負けても当たり前**」**などと言っていると、最初から負けたも同然**なのである。

そういう負け犬が勝てるほど、受験の世界は甘くない。

ビジネスの世界も同様である。

勝負をするときには、何が何でも負けたらダメなのだ。まずは、自分の力を信じて、自惚《うぬぼ》れているくらいでちょうどいいのだ。

そうやって相手をのんでかかるからこそ、こちらは実力以上の力を発揮できるのだし、相手は本来の実力を出せないままに自滅してくれるのである。

では次に、**どうすれば自分に対して格上意識が持てるのか**、というお話に移ろう。

この方法は、あまり大っぴらには言いたくないのだが、自分以外の他人を、とにかく「見下す」のである。自分以外の他人は、虫けらだと、ゴミくず同然だと見なすのである。

「なんだか失礼だな……」と思われるかもしれないが、格上意識を持つとは、つまりは、そういうことであろう。

やはり**大っぴらに文章では書けない**のだが、侮蔑語、差別語と呼ばれる言葉を用いて、心の中で相手をせせら笑うのも、格上意識を持つのに役立つ。

つまり、相手のことを、低能、ゲス、下劣、ブサイク、クズ、無能、下品、○△、×□○……などと考えるのである。まちがっても口には出せないが、自分のことは棚に上げて相手をバカにしていると、心理的に自分が上位にたったように感じるものなのである。あくまで心の中で、と念押しをしておくが。

カナダにあるブリティッシュ・コロンビア大学のルイズ・レミヤー博士は、相手を差別することが自己高揚感をもたらす、すなわち、「気持ちのいいこと」であるという分析を行っている。

おそらくこの世の社会から、差別が根絶されることはないような気がするが、その理由は単純で、**他人をバカにしたり、いじめたりすることが、本人の自尊心を高める**うえで大いに役に立っているからである。

相手に対して悪く思うのがイヤなのであれば、自分の立場を相対的に高く考えてもいいだろう。すなわち、自分のことを、一流、エリート、貴族、選ばれしもの、天才、博識、上位者、などと見なすわけである。

他人を見下すのに抵抗があるのなら、自分のほうの立場を高めよう。それでもやはり同じような効果は得られると思われる。

今ではなく、「1カ月先のこと」を考えて過ごす

毎日、どうやって暮らしていこうかを考えていると、心理的に余裕がなくなってしまう。その日暮らしの人が、余裕をなくしているのは当然として、普通の人でも、毎日の仕事に追いまくられていると、どうしても心理的な余裕をなくしてしまう。

「今日は、これとこれと、これをやらなきゃ……。ああ、そうだ。あれとあれもあるんだった。そうそう、他にも、これとこれをやらなきゃ……」

そんな心配ばかりしている人は、完全に心の余裕を失っており、そういうせっぱつまった精神状態でいると、どうしても人間としての器が小さくなってしまう。

心に余裕を持ちたいなら、**自分の視点をたえず「1ヵ月後」に設定しておく**ことである。目先のことに視点を合わせると、どうしても人間は視野が狭くなり、追いつめられたようなプレッシャーを感じてしまう。そうなりたくないのなら、自分の視点を、1ヵ月先に設定しておけばいいのである。

「1ヵ月後までには、これくらいの仕事ができていればいいか」

「1ヵ月後までには、ここまで進行していればいいか」

そう考えることが、本人に余裕とゆとりをもたせ、そういうどっしりした姿勢が、他の人にも頼もしく見えるのである。あくせくしていると、こういう雰囲気をにじみ出すことは絶対にできない。ようするに1ヵ月後に焦点を合わせて考えたり、行動したりするのが余裕を持つ秘訣である。

ノースキャロライナ大学のG・ザウバーマン博士は、95名の大学生に対して、次のような質問をしてみたことがある。

「今日のあなたは、時間的にどれくらい余裕がありますか?」

●1ヵ月先のことなら、余裕だと感じられる

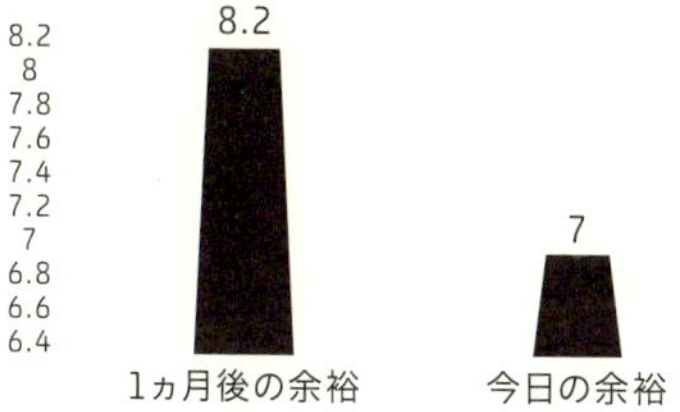

＊数値は、時間的な余裕と、金銭的な余裕の平均値。
＊数値は10点満点。10点に近いほど、余裕を感じられたことを示す。
出典:Zauberman,G.,et al.

「今日のあなたは、金銭的にどれくらい余裕がありますか？」
「1ヵ月後のあなたは、時間的にどれくらい余裕があると思いますか？」
「1ヵ月後のあなたは、金銭的にどれくらい余裕があると思いますか？」

このような質問をしたところ、時間的な余裕にしろ、金銭的な余裕にしろ、1ヵ月後のほうが高かったという（グラフ参照）。

この実験からわかるとおり、**日々の出来事ばかり考えていたら、心の余裕をなくしてしまう**が、1ヵ月後のことを考えていれば、わりと気楽になれるのである。毎日、あくせく暮らしている人は、あまりに日々の些事《さじ》に目を奪われすぎているといえよう。

自分の視点を1ヵ月後に設定しておけば、たとえ仕事がさっぱりなくなっても、「まぁ、1ヵ月後までには何かしら仕事が入るさ」と鷹揚《おうよう》に構えていることができる。

そういう余裕を持つことが、大物らしさを生みだすのだ。

仕事では、手抜きをすると「クセ」になる

いったん悪い習慣が身につくと、その習慣を変えるのは、容易なことではない。したがって、悪い習慣を作りたくないなら、そもそもの最初から悪い行動をとらなければいいのである。

喫煙者ならわかると思うが、いったんタバコを吸うクセをつけてしまうと、禁煙するのにとんでもなく苦労する。そういう苦労をしたくないなら、最初に友だちからタバコを勧められたときにも、きっぱりと断っておけばよいのである。

同じような理屈から、**仕事では、手抜きをしてはいけない**。簡単に逃げ出してはいけない。なぜなら、いったん手抜きを覚えると、必ずクセになるからで

ある。

1度でもラクをすると、それ以上の苦しみに耐えることはなかなか難しい。「今日はもうこんなものでいいや」ということで、すぐに自分を甘やかせるようになる。

ラクをすると、苦しむことができなくなる。苦しくなると、すぐに逃げ出すようになってしまう。これでは、本物のスキルを身につけることなど、できるわけがない。

お客に値下げを迫られ、「わかりましたよ。ホントに今回だけですからね」などと簡単に応じてしまう人は、そのうちまた他のお客に値下げを迫られることになる。つまり、「値下げグセ」がつくのである。

値下げをすればモノが簡単に売れるということに味をしめて、自分なりの努力で値下げをせずに頑張ってみるぞ、という意欲が全然なくなってしまうのだ。

コロラド大学のジェニファー・ブレイス博士によると、いったん身についた行動は、それがおかしな行動でも、そのまま常道的にくり返されるようになるという。そして、そういう行動を変えるのは、なかなか難しいとブレイス博士は指摘している。

また、ノースダコタ州立大学のケビン・マコール博士によると、いったん習慣が形成されている人に対して、新しい習慣を身につけさせようとしても、それに成功するのはわずか23％であり、77％の人は古い習慣に戻ってしまうそうである。習慣の連鎖を断ち切るのは、とんでもなく大変だといえよう。

仕事に関しては、決して逃げてはいけない。自分を甘やかしてもいけない。手を抜いてもいけない。そうやって逃げるクセをつけてしまうと、結局は、そのクセから逃れられなくなって、自分が困ることになるからである。

野球だと、気迫で負けそうなときにはバッターをフォアボールで敬遠し、次のバッターと勝負してもかまわないことになっている。しかし、普通のビジネスでは、そういう便利なことはできない。

仕事が難しいからといって、あるいは手ごわい相手と商談しなければならないからといって、「こいつは手ごわそうだからパスしよう」と安易に逃げてしまうと、結局は、だれとも勝負できない人間になってしまう。仕事力も身につくわけがない。

人間関係があわないからと、簡単に仕事を辞めてしまう人ほど、転職グセがつくという。そしてまた新しい職場でも人間関係で悩むのである。

もし人間関係がうまくいかなくとも、「ここで逃げたらダメだ」と奮起し、少なくとも3年は頑張ってみてほしい。簡単に逃げるクセを自分に許さないという厳しい姿勢で臨むことが大切である。そうやって困難を乗り越えることができたとき、人は自分に対して強い自信を抱くことができるのだ。

やさしい人は、実は「気弱な人」である

他人に対する配慮はとても大切である。相手が嫌がることを極力避け、好かれるように努力するのは立派なことである。

しかし、他人に対する気づかいをするのなら、それと同じくらいには、**自分に対しても気づかいをすべき**であろう。

自分の素直な感情にしたがい、「やりたくない」という仕事は、断固として断るのが、自分に対する気づかいである。これが自分を大切にするということである。

「本当は断りたいんだけど、相手を傷つけるだけだし……」

ぶつくさ文句を言いながら、結局は、他人の言いなりになってしまう人の、なんと多いことか。ようするに**自分の魂までも相手に売り払っている**のである。

やりたくないことはやらないに越したことはないし、それで全然問題がない、ということがわからないのだろう。

「やさしい人」であることを自称する人は、やさしいのではなく、ただ単に「気弱な人」であるだけの場合が多い。相手との衝突を恐れ、腰が引けているだけである。それをやさしさだと自分に言い聞かせて納得している場合がほとんどである。

「やさしい人」などという評判はいらない。

他人には「怖れられる」存在であってよい。それくらい強気でいないと、気迫や、気合いを身体から滲《にじ》みださせることができないからである。

みんなに愛されてはいるが、仕事の成績がいまいちの人と、怖がられ、憎まれているが、仕事の成績がバツグンの人がいるなら、みなさんは迷わず後者のタイプを目指そう。

もちろん、人間関係での衝突は増えるかもしれないが、商売というものは、結果を出せる人間が一番強いのである。結果さえ出していれば、どんなにワガママ放題をしても、だれも文句を言わなくなる。

「クリケットの試合は得点で決まるのであって、品の良さで勝てるのではない」という言葉がある。几帳面なほど、フェアにルールを守ろうとする選手は、たいてい非常に不利だという意味である。反則すれすれのことをやって、審判が見ていないところでは、ズルをするくらいでなければ、勝負事には負けてしまうのである。

品行方正なだけでは勝てないのだ。

「やさしさ」を持つのは、まことにけっこうなことだ。しかし、自分は本当にやさしいままでいいのか、やさしいままで結果を残せるのか、ということをもう一度考えてみてほしい。むしろ強い人間になったほうが、得るものが多くなるのではないか、ということも考えてみてほしい。

「僕は、もともと気が弱い人間なんですが、それでも強気な人間になれますか？」

もし私が、そんな相談を受けたら、大丈夫ですよ、と胸を叩くと思う。**強気な人間になれるかどうかは、演技力によって決まる**のであり、強気な演技をしていればいいだけなのである。

プリンストン大学のエドワード・ジョーンズ博士によると、それらしい演技をしていれば、それらしい人間だと相手に思ってもらえるらしい。人はあなたの内面ではなく、外面だけで評価するものだから、内面的には弱気であろうが、それを見せずに、外面で強気な姿勢を見せていれば、「あの人は強い人だ」と思ってもらえるのである。

無意味におごると、軽んじられるだけ

食事をおごって、相手に感謝されるのなら、おごってもかまわない。しかし、最近の若いヤツらというのは（特に女性がそうなのであるが）、おごられることに慣れきっているのか、あるいは、おごられるのが当然という意識があるのか、せっかくおごってもあまり感謝しないものである。

だとしたら、とるべき選択は1つ、「**おごらない**」である。

もし若い後輩などから、食事やお酒に誘われたとしても断るか、「俺はケチだから、絶対におごらない。ワリカンでいいなら、付き合うけど」と答えよう。

それで相手が渋い顔をしてくるのなら、相手の狙いは、あなたとおしゃべりしたり、親密になったりすることではなく、ただあなたの財布の中身だけにあるのだと見てよい。そんな付き合いは、単なる時間とお金のムダである。

もちろん、「おごらない」と一応は言っていても、いざとなれば少し多めに払うとか、あるいは全部おごってもかまわない。この場合、相手はおごってもらえるとは思っていないだろうから、あなたに対して感謝の念が湧く。人間は、期待していないときにおごられたほうが、かえって嬉しいものなのだ。

なお、**おごるときには現金で支払いをしよう**。カードで済ませると、相手は恩義を感じにくくなるからである。自分の財布を出し、そこからお金をとりだす、という行為を見せつけることで、本当におごってやっていることを、相手に実感させるのだ。

また、支払いはレジではなく、店員を呼んで、テーブルで済ませよう。相手に支払っている姿を見せ、恩を着せるためだ。

さらに念を押しておくと、**絶対に領収書をもらってはならない**。いかにもケチくさいし、なにしろ、「俺が、お前に、おごった」という重要な点が、相手に伝わらなくなってしまう。「おごるなんて恩着せがましいこと言っているくせに、どうせ会社の金なんだろ？」と思われるようでは、かえって軽蔑されかねない。

なお、おごるときには、相手との親密度が、かなり高くなってからでよい。たいして付き合いも深くないときに**おごっても相手からの感謝は湧きにくい**ことが実験的に確認されているからである。

カナダにあるマギル大学のジョン・リンドン博士が、親しい友人、普通の友人、単なる顔見知り、の3つの条件のそれぞれについて、「もしあなたが夕飯をおごってもらったとして、どれくらい嬉しいですか？」ということを50点満点で尋ねてみたことがある。

すると、親しさに応じて、感謝の度合いも異なってくることが判明したのである（次ページグラフ参照）。

●単なる顔見知りにおごっても、あまり感謝されない

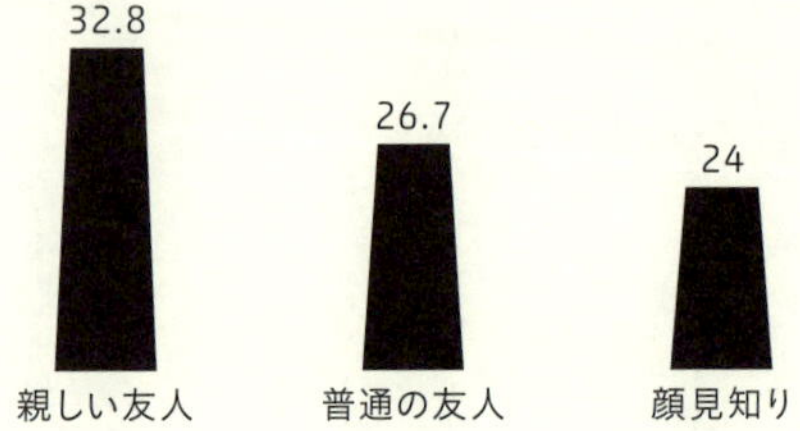

＊数値は、「感謝の度合い」を示す。
出典:Lyndon.,J.E.et al.,

単なる顔見知りにおごっても、あまり感謝されない。

この実験からわかるように、どうせおごるのなら、親しい人に限る。

なぜなら、恩義を最大限に感じてくれるからである。

顔見知り程度の人間には、食事などおごる必要はない。喫茶店でコーヒーでもおごってやれば十分である。

Column 6

「ほんのちょっとの差」では、だれも尊敬してくれない

IQが100の人と、IQが103の人がいるとして、前者は、後者に対して頭が悪いと思うだろうか。決してそんなことはないだろう。たしかに知能指数の数値としては後者のほうが上だが、ほとんど差がないからである。

3万部の本を売れる作家さんと、3万5000部の本を売れる作家さんがいるとして、前者の作家さんは、後者の作家さんを心から尊敬するであろうか。もちろん、そんなことはしないと思われる。なぜかといえば、売っている本の部数としては後者のほうが上だが、あまりにも差が小さくて、自分との筆力の差というよりは、単なる「誤差」くらいにしか思えないからである。

あるいは、月間の契約数が平均して5件の営業マンと、7件の営業マンでく

らべてもいい。やはり前者の人が後者に頭を下げたり、後者の人を敬愛するようなことはないはずである。

これらの例でわかるとおり、たとえ相手よりも自分のほうが上だとしても、その差が、〝ほんのちょっぴり〟では、ほとんど意味がないのである。

「俺のほうがお前よりも格上なんだから、もっと崇めてくれてもいいんだよ」などと言ったところで、冗談にもならずに鼻で笑われるだろう。

もし本当に相手に尊敬してほしいなら、**そこには圧倒的な差がなければならない**。大人と子どものような、どうにもならない差があってこそ、はじめて相手を心服させることができるのだから。

北《きた》の湖《うみ》元理事長は、横綱の現役時代には、「強すぎて憎たらしい」とさえ言われた。勝ったり負けたりでは、他の力士たちにしめしがつかない。圧倒的な強さで勝ちつづけるのが、本当の横綱である。

しかし、私は何も、あらゆる領域において人に勝りなさい、などと言っているのではない。

あらゆる点で勝とうとしても、それはムリである。

どんな仕事でもそうだと思うのだが、**まずは自分の得意な分野を絞ろう**。そして、その得意分野に、自分の全精力を注ぎこむのだ。わき目もふらず、その得意分野での才能だけを伸ばすのである。もともと得意な分野なのであるし、しかも全精力を注ぎ込めば、もともとは平凡な人であっても、それなりに他の人を凌駕《りょうが》するだけの実力を持つことができるはずだ。

経済用語であるが、「コア・コンピタンス」という概念がある。競争の核となる部分という意味であって、自社の得意とする技術やノウハウに、ヒト・モノ・カネの経営資源を集中的に注ぎ込んで勝負しろ、という意味である。

この概念は、会社の組織だけでなく、人間でも応用できる考えだ。自分にとっての得意分野を伸ばすために、勉強の時間や資料を買うお金などを集中的に注ぎ込んだほうが、「広く薄く」自分の能力を伸ばそうとするより、はるかに効率的である。

私にとってのコア・コンピテンスは、「心理学に詳しい」ということであり（というより、これくらいしか誇るべきものがない）、この能力を伸ばすためだけの努力をずっとつづけているわけだが、私のような凡才でも、さすがに10年以上も研究をつづけていれば、それなりに評価してくれる人もあらわれてきた。

「ここだけは譲らないぞ」というものをなるべく若いうちに決め、そこに自分の全精力をぶつけよう。修業とか訓練は、若いうちのほうがいい。「鉄は熱いうちに鍛えよ」というように、なるべく早く自分の能力に磨きをかける修行を積んでおこう。

おわりに

人間関係においては、好かれる技法や、信頼される技法、説得する技法、愛される技法などのテクニックがあるわけだが、本書では、「軽く見られない技法」を中心に論じてきた。他の識者があまり論じないテーマであるだけに、読者のみなさんにとっては、新鮮に感じられる内容だったのではないかと思う。

軽く見られない技法は、好かれる技法や愛される技法などにくらべると、中級者あるいは上級者向けの技法である。

本書では、ずいぶん丁寧にやり方を指導してきたつもりであるが、できない、あるいはうまく使えない読者の方もいらっしゃると思う。それはそれで気にすることなく、とにかく技に磨きをかけてほしい。水泳でも逆上がりでも、何かの技能を身につけようとするとき、最初からうまくできる人などいないのだから、とにかく練習あるのみ、である。

軽く見られない技法がやや高度なのは、相手との関係、あるいは状況に応じて、細かい点で修正を行わなければならないことである。

たとえば、いつでも、だれにでも知識をひけらかし、独裁者のように威張りくさっていればそれでOKというわけでもなく、たまには知識を隠してみたり、たまには威張らずに相手を喜ばせたりする必要もあるわけで、そのあたりの綱渡りが非常に難しいのである。この辺の呼吸を体得するまでには、長い時間がかかるであろう。というより、私自身もそんな呼吸を完全に体得しているかといえば、とても心もとない。

本書は、ありきたりな人間関係にあきたらず、もうちょっと高度なテクニックを磨きたい、という読者に向けて書かれたものである。いざ実践しようとすると難しいアドバイスも多かったと思われるが、絶対に必要なスキルである。頑張って身につけていこう。私も頑張るつもりだ。

ちなみに、初心者向けの技法である、好かれる技法や愛される技法というのは、「元気に挨拶《あいさつ》しましょう」とか「相手の名前を呼びかけましょう」といった技法のことであり、これらの技法については、すでに別の本の中で論じているので（『「人たらし」のブラック心理術』あるいは『自分の印象が「こわいくらい」変わるビジネス心理術』ともに大和書房）、もし興味のある読者は、こちらをご覧いただければ幸いである。

さて、最後になってしまったが、大和書房編集部の藤沢陽子さんにお礼を申し上げておきたい。素晴らしい本を書く機会を与えてくださり、ありがとうございました。ワガママな私に付き合って仕事をしていくのは、本当に大変だろうなといつも同情している。これも人間通になるための試練なのだと諦めて、これからもお付き合いいただきたい。

読者のみなさんにもこの場を借りてお礼を申し上げる。最後までお付き合いくださった読者のみなさんには、本当に頭が上がらない。ありがとうございました。文才に乏しい私が、どうにかこうにか作家としてやっていけるのは、ひとえに読者のみなさんのご支援があればこそ、である。心から感謝している。

これからもよろしくお願いします。

参考文献

Ahmadi.,J., Samavat, F., Sayyad, M., & Ghanizadeh, A. 2002 Various types of exercise and scores on the Beck depression inventory. Psychological Reports ,90,821-822.

Andrade.,E.B., & Ho, T. H. 2007 How is the boss's mood today? I want a raise. Psychological Science ,18, 668-671.

Baesler.,E.J., & Burgoon, J. K. 1994 The temporal effects of story and statistical evidence on belief change. Communication Research ,21, 582-602.

Brace.,J.J., Morton, J. B., & Munakata, Y. 2006 When actions speak louder than words: Improving children's flexibility in a card-sorting task. Psychological Science ,17, 665-669.

Brendl.,C.M., Markman, A. B., & Messner, C. 2003 The devaluation effect: Activating a need devalues unrelated objects. Journal of Consumer Research ,29,463-473.

Busch.,P., & Wilson, D. T. 1976 An experimental analysis of a salesman's expert and referent bases of social power in the buyer-seller dyad. Journal of Marketing Research,13, 3-11.

Carney.,D.R., Hall, J. A., & LeBeau, L. S. 2005 Beliefs about the nonverbal expression of social power. Journal of Nonverbal Behavior ,29, 105-123.

Chambliss.,C.A., & Feeny, N. 2222 Effects of sex of subject, sex of interrupter, and topic of conversation on the perceptions of interruptions. Perceptual and Motor Skills ,75, 1235-1241.

Cialdini.,R.B., & Nicholas, M. E. 1989 Self-presentation by association. Journal of Personality and Social Psychology ,57, 626-631.

Darley.,J.M., & Gross, P. H. 1983 A hypothesis-confirming bias in labeling effects. Jorunal of Personality Social Psychology ,44, 20-33.

Diener.,E., & Crandall, R. 1979 An evaluation of the Jamaican anticrime program. Journal of Applied Social Psychology ,9, 135-146.

Donoho, C. L. 2003 The "top-of-the-line" influence on the buyer-seller relationship. Journal of Business Research ,56, 303-309.

Duncan.,L., & Owen-Smith, A. 2006 Powerlessness and the use of indirect aggression in friendships. Sex Roles ,55, 493-502.

El-Alayli.,A., & Messe, L. A. 2004 Reactions toward an unexpected or counternormative favor-giver: Does it matter if we think we can reciprocate? Journal of Experimental Social Psychology ,40, 633-641.

Engeser.,S., Wendland, M., & Rheinberg, F. 2006 Nonconscious activation of behavioral goals a methodologically refined replication. Psychological Reports ,99, 963-970.

Ennemoser.,M., & Schneider, W. 2007 Relations of television viewing and reading:Findings from a 4-year longitudinal study. Journal of Educational Psychology ,99, 349-368.

Feldstein.,S., Dohm, F. A., & Croun, C. L. 2001 Gender and speech rate in the perception of competence and social attractiveness. Journal of Social Psychology ,141, 785-806.

Gruenfeld.,D.H., & Wyer, R. S. Jr. 1992 Semantics and pragmatics of social influence: How affirmations and denials affect beliefs in referent propositions. Journal of Personality and Social Psychology ,62, 38-49.

Grush., J.E. 2222 Impact of candidate expenditures, regionality, and prior outcomes on the 1976 democratic presidential primaries. Journal of Personality and Social Psychology ,38, 337-347.

Harris.,M.J., Milich, R., Corbitt, E. M., Hoover, D. W., & Brady, M. 1992 Self-fulfilling effects of stigmatizing information on children's social interactions. Journal of Personality and Social Psychology ,63, 41-50.

藤沢秀行　2003　人生の大局をどう読むか　知的生きかた文庫

Jackson.,D., Engstrom, E., & Sommer, E. T. 2222 Think leader, think male and female: Sex vs seating arrangement as leadership cues. Sex Roles ,57, 713-723.

Jalajas.,D.S. 1994 The role of self-esteem in the stress process: Empirical results from job hunting. Journal of Applied Social Psychology ,24, 1984-2001.

John.,D.R., Loken, B., & Joiner, C. 1998 The negative impact of extensions: Can flagship products be diluted? Journal of Marketing ,62, 19-32.

Jones.,E.E., Rhodewalt, F., Berglas, S., & Skelton, J. A. 2222 Effects of strategic self-presentation on subsequent self-esteem. Journal of Personlity and Social Psychology ,41, 407-421.

Keating.,C.F., & Doyle, J. 2002 The faces of desirable mates and dates contain mixed social status cues. Journal of Experimental Social Psychology ,38, 414-424.

Konter.,A., & Vollebergh, W. 1997 Gift giving and the emotional significance of family and friends. Journal of Marriage and the Family ,59, 747-757.

Krampe.,R.T., & / Ericsson, K. A. 2226 Maintaining excellence: Deliberate practice and elite performance in young and older pianists. Journal of Experimental Psychology: General ,125, 331-359.

桑原晃弥　2000　自分の見せ方が上手い人、下手な人　成美文庫

Lemyre.,L., & Smith, P. M. 1985 Intergroup discrimination and self-esteem in the minimal group paradigm. Journal of Personality and Social Psychology ,49, 660-670.

Levine.,J.M., & Ranelli, C. J. 1978 Majority reaction to shifting and stable attitudinal deviates. European Journal of Social Psychology ,8, 55-70.

Lott.,D.F., & Sommer, R. 1967 Seating arrangements and status. Journal of Personality and Social Psychology ,7, 90-95.

Lydon.,J.E., Jamieson, D. W., & Holmes, J. G. 1997 The meaning of social interactions in the transition from acquaintanceship to friendship. Journal of Personality and Social Psychology ,73, 536-548.

Lyubomirsky.,S., King, L., & Diener, E. 2005 The benefits of frequent positive affect: Does happiness lead to success? Psychological Bulletin ,131, 803-855.

Magee.,J.C., Galinski, A. D., & Gruenfeld, D. H. 2007 Power, propensity to negotiate, and moving first in competitive interactions. Personality and Social Psychology Bulletin ,33, 200-212.

Marsh.,A.A., Adams, R. B., & Kleck, R. E. 2005 Why do fear and anger look the way they do? Form and social function in facial expressions. Personality and Social Psychology Bulletin ,31, 75-86.

Mast.,M.S., & Hall, J. A. 2004 Who is the boss and who is not? Accuracy of judging status. Journal of Nonverbal Behavior ,28, 145-165.

McCaul.,K.D., Glasgow, R. E., & O'Neill, H. K. 1992 The problem of creating habits: Establishing health-protective dental behaviors. Health Psychology ,11, 101-110.

Nemeth.,C.J., Connell, J. B., Rogers, J. D., & Brown, K. S. 2001 Improving decision making by means of dissent. Journal of Applied Social Psychology ,31, 48-58.

Newhagen.,J. E., & Reeves, B. 1992 The evening's bad news: Effects of compelling negative television news images on memory. Journal of Communication ,42, 25-41.

Robinson.,J., & Zebrowitz, L. M. 1982 Impact of salient vocal qualities on causal attribution for a speaker's behavior. Journal of Personality and Social Psychology ,43, 236-247.

Robinson.,S.L., Sterling, H. E., Skinner, C. H., & Robinson, D. H. 1997 Effects of lecture rate on students' comprehension and ratings of topic importance. Contemporary Educational Psychology ,22, 260-267.

Rucker.,D.D., & Petty, R. E. 2224 When resistance is futile: Consequences of failed counterarguing for attitude certainty. Journal of Personality and Social Psychology ,86, 219-235.

Shields.,C.A., Brawley, L. R., & Ginis, K. A. M. 2007 Interactive effects of exercise status and observer gender on the impression formed of men. Sex Roles ,56, 231-237.

Solomon., J.C. 1996 Humor and aging well. American Behavioral Scientist ,39, 249-271.

Sperling.,A.J., Lu, Z. L., Manis, F. R., & Seidenberg, M. S. 2226 Motion-perception deficits and reading impairment: It's the noise, not the motion. Psychological Science ,17, 1047-1053.

田中秀明　2008　自分の評価を上げるポイント　アクタスソリューション

Taylor.,S.E., Welch, W. T., Kim, H. S., & Sherman, D. K. 2007 Cultural differences in the impact of social support on psychological and biological stress responses. Psychological Science ,18, 832-837.

Terracciano.,A., Costa, P. T. Jr., & McCrae, R. R. 2006 Personality plasticity after age 30. Personality and Social Psychology Bulletin ,32, 999-1009.

Van Lange.,P.A.M., & Semin-Goossens, A. 1998 The boundaries of reciprocal cooperation. European Journal of Social Psychology ,28, 847-854.

Von Baeyer.,C.L., Sherk, D. L., & Zanna, M. P. 1981 Impression management in the job interview: When the female applicant meets the male interviewer. Personality and Social Psychology Bulletin ,7, 45-51.

Watts., B.L. 1982 Individual differences in circadian activity rhythms and their effects on roommate relationships. Journal of Personality ,50, 374-384.

Weisfeld.,G.E., & Weisfeld, C. C. 1984 An observational study of social evaluation: An application of the dominance hierarchy model. Journal of Genetic Psychology ,145, 89-99.

Zauberman.,G., & Lynch, J. G. Jr. 2005 Resource slack and propensity to discount delayed investments of time versus money. Journal of Experimental Psychology: General ,134, 23-37.

Zebrowitz.,L.A., Tenenbaum, D. R., & Goldstein, L. H. 1991 The impact of job applicants' facial maturity, gender, and academic achievement on hiring recommendations. Journal of Applied Social Psychology ,21, 525-548.

Zimmerman.,B.J., & Ringle, J. 1981 Effects of model persistence and statements of confidence on children's self-efficacy and problem solving. Journal of Educational Psychology ,73, 485-493.

本書は二〇〇九年四月に小社より刊行されました。

内藤諠人（ないとう・よしひと）

心理学者。立正大学特任講師。有限会社アンギルド代表取締役。慶應義塾大学大学院社会学研究科博士課程修了。ビジネス心理学の第一人者として、実践的な心理学の応用に力を注いでいる。動物の飼育が趣味で、最近は人間よりも動物に好かれている。自然を愛するナチュラリストでもある。

著書に『なぜ、明石家さんまは「場を盛り上げる」のがうまいのか？』（大和書房）、『プレゼン心理術』（日経BP社）、『感動させる技術』（廣済堂出版）などがある。

だいわ文庫

職場《しょくば》で、仲間《なかま》うちで

他人《たにん》に軽《かる》く扱《あつか》われない技法《ぎほう》

著者　内藤諠人《ないとうよしひと》

二〇一三年八月一五日第一刷発行

発行者　佐藤　靖

発行所　大和《だいわ》書房

東京都文京区関口一－三三－四　〒一一二－〇〇一四

電話　〇三－三二〇三－四五一一

装幀者　鈴木成一デザイン室

本文デザイン　小口翔平(tobufune)

本文イラスト　鈴木順幸

本文印刷　厚徳社

カバー印刷　山一印刷

製本　小泉製本

ISBN978-4-479-30443-2

乱丁本・落丁本はお取り替えいたします。

http://www.daiwashobo.co.jp